财政部规划教材
全国财政职业教育教学指导委员会推荐教材
全国高职高专院校会计专业立体化教材

出纳岗位实务实训

主　编　尹湘萍
副主编　保　吉　吴　娟

中国财经出版传媒集团
中国财政经济出版社

图书在版编目（CIP）数据

出纳岗位实务实训/尹湘萍主编．—北京：中国财政经济出版社，2019.1
财政部规划教材　全国财政职业教育教学指导委员会推荐教材　全国高职高专院校会计专业立体化教材
ISBN 978－7－5095－8724－9

Ⅰ.①出…　Ⅱ.①尹…　Ⅲ.①出纳－会计实务－高等职业教育－教材　Ⅳ.①F233

中国版本图书馆 CIP 数据核字（2018）第 289194 号

责任编辑：樊　闽　　　　责任校对：徐艳丽
封面设计：构远设计

中国财政经济出版社出版
URL：http：//www.cfeph.cn
E－mail：cfeph@cfeph.cn

社址：北京市海淀区阜成路甲 28 号　邮政编码：100142
营销中心电话：010－88191537　北京财经书店电话：64033436　84041336
北京鑫海金澳胶印有限公司印装　　各地新华书店经销
787×1092 毫米　16 开　9.25 印张　218 000 字
2019 年 1 月第 1 版　2020 年 7 月北京第 2 次印刷
定价：25.00 元
ISBN 978－7－5095－8724－9
（图书出现印装问题，本社负责调换）
本社质量投诉电话：010－88190744
打击盗版举报热线：010－88191661　QQ：2242791300

编 写 说 明

本书是财政部规划教材、全国财政职业教育教学指导委员会推荐教材，由财政部教材编审委员会组织编写并审定，是与同期出版的《出纳岗位实务》相配套的技能实训用书，作为全国高职高专院校财经类教材使用。

出纳工作是财务会计工作重要的组成部分，工作内容虽然较为单一，但十分繁杂，涉及面较广。为了帮助初入职场者解决缺乏实务操作经验的问题，《出纳岗位实务实训》是以出纳岗位工作任务为导向设计实训内容，从读者角度出发，根据出纳岗位的需求，按照模块化设计，将实训教材划分为财经数字书写、原始凭证的填制、日记账的设置与登记、出纳岗位综合实训、会计凭证的装订与保管五个模块，旨在让学生将所学的理论知识与动手操作相融合，不断提升学生的出纳岗位职业能力。

本书由尹湘萍担任主编，负责拟定编写大纲，最后对全书进行总纂定稿，保吉和吴娟参与了各模块实训内容的编写。

本书为用书学校任课老师提供了实训教材答案，如有需要，请通过 caijingjiaocai@ 163. com 索取，请注明学校和全书名。

本书在编写过程中，得到了财政部、财政职业教育教学指导委员会领导、有关专家的大力支持和帮助，在此一并致谢。由于编者水平有限，书中难免存在疏漏及不当之处，敬请读者批评指正。

编者

2018 年 12 月

目　　录

实训一

财经数字书写

一、实训目的

通过出纳岗位实训，学生能较系统地练习企业会计核算的基本程序和具体方法，加强对专业理论知识的理解、动手能力的培养，提高运用会计基本技能的水平，并能够切身体会会计工作中出纳岗位的具体工作，从而对所学理论有一个较系统、较完整的认识，最终达到会计理论与会计实践相结合的目的。

二、技能要求

（一）财经数字书写规范

1. 小写。数码字（阿拉伯数字，俗称小写数字）是世界各国通用的数字，阿拉伯数字由基本的0、1、2、3、4、5、6、7、8、9 共10 个数字组成，笔画简单、书写方便、应用广泛，必须规范书写行为，符合手写体的要求。

（1）字迹清晰，不得涂改、刮补。

（2）顺序书写，应该从高位到低位、从左到右按照顺序书写。

（3）倾斜书写，数字的书写要有一定的斜角度，向右倾斜 60°为宜。

（4）位置适当，数码字高度一般要求占全格的 1/2 为宜，为改错留有余地。

2. 大写。不得用〇、一、二、三、四、五、六、七、八、九、十、百、千等相应代替零、壹、贰、叁、肆、伍、陆、柒、捌、玖、拾、佰、仟。要用正楷或行书书写，不得任意自造简化字。

（1）正确运用“整”或“正”，凡是大写金额有角无分或没有角分的，一律在金额后面加上“整”或“正”字。如 ￥45.60，大写应为人民币肆拾伍元陆角整；￥230.00，大写应为人民币贰佰叁拾元整。

（2）正确写“零”，凡金额中间带有“0”的，一律写“零”，不允许用“0”代替。如￥508.00，应写为人民币伍佰零捌元整。

3. 财经数字金额的书写要求。

（1）一般要求。

第一，选择以人民币作为记账本位币。

第二，数码金额书写到分位为止，元位以下保留角、分两位小数，对分以下的厘、毫、丝、息采用四舍五入的方法。

第三，少数情况下，如计算百分率、折旧率、加权平均单价、单位成本及分配率等，也可以采用多位小数，以达到计算比较准确的目的。

（2）印有数位线（金额线）的数码字书写。

第一，凭证和账簿已印好数位线，必须逐格顺序书写，“角”“分”栏金额齐全。

第二，如果“角”“分”栏无金额，应该以“0”补位，也可在格子的中间划一短横线代替。

第三，如果金额有角无分，则应在分位上补写“0”，不能用“—”代替。

（3）没有数位线（金额线）的数码字书写。

第一，元位以上每三位一节，元和角之间要用小数点“.”，有时也可以在角分数字之下划一短横线，例如，￥35 421.67 或￥35 421. <u>67</u>。

第二，如果没有角分，仍应在元位后的小数点“.”后补写“00”或划一短斜横线，例如￥26 533.00 或 ￥26 533.⁄；如果金额有角无分，则应在分位上补写“0”，例如￥43 837.30，不能写成￥43 837.3。

（4）合理运用货币币种符号。凡阿拉伯数字前写有币种符号的，数字后面不再写货币单位，如“￥560.00 元”和“人民币￥560.00 元”表达是错误的。印有“人民币”三个字不可再写“￥”符号，但在金额末尾应加写“元”字，如“人民币 560.00 元”。

4. 财经数字书写错误的订正方法。会计资料审核后，发现财经数字书写错误时，切忌刮擦（也不可用胶带粘掉）、挖补、涂改，或使用褪色药剂和涂改液，而是应该按照规定的方法进行订正。

（二）文字书写规范

1. 文字书写的基本要求。

（1）克服常见书写不良习惯。

第一，字迹潦草。

第二，字体过大。字体大小要适当，书写时不宜用浓墨粗笔，不宜“顶天立地”。

第三，字形欠佳。

第四，文字不规范，书写文字时，不能用谐音字、错别字、简化字。

（2）正确掌握文字书写技术。

第一，端正书写态度。

第二，字迹工整清晰。

第三，位置适当，汉字占格距的 1/2 较为适宜，落笔在底线上。

第四，摘要简明，要用简短的文字把经济业务发生的内容记述清楚，尤其要以写满不超出该栏格为限。

第五，会计科目准确，要写全称，不能简化。

2. 中文大写数字的写法。

(1) 中文大写数字是用于填写防止涂改的销货发票、银行结算凭证等，不能写错。一旦写错，则该凭证作废，需要重新填写凭证。

(2) 中文大写金额数字的书写要求。

第一，标明货币名称。中文大写金额数字前应标明“人民币”字样，且其与首个金额数字之间不留空白。

第二，规范书写。中文大写金额数字一律用正楷或行书书写。不得用“廿”代替贰拾，用“卅”代替叁拾，用“毛”代替角，用“另（或○）”代替“零”；也不得任意自造简化字。

第三，表示数位的文字（拾、佰、仟、万、亿）前必须有数字，如“拾元整”应该写成“壹拾元整”，因为这里的“拾”应看作数位文字。

3. 中文大写票据日期的书写要求。票据的出票日期必须使用中文大写。为防止编造票据的出票日期，在填写月、日时，月为壹、贰和壹拾的，日为壹至玖和壹拾、贰拾、叁拾的，应在其前面加“零”；日为拾壹至拾玖的，应在其前加“壹”。如2月16日，应写成“零贰月壹拾陆日”。

三、实训资料

1. 表1-1为人民币大写金额写法实训 。

表1-1

序号	小写（数码金额）	大写（文字金额）
1	￥7 800.00	
2	￥4 308.62	
3	￥63 009.50	
4	￥5 037 000.00	
5	￥6 000.29	
6	￥12.37	
7	￥8 509.04	
8	￥700 543.10	
9	￥15.40	
10	￥100 075.94	

2. 表 1－2 为人民币小写金额写法实训。

表 1－2

序号	大写（文字金额）	小写（数码金额）
1	人民币陆拾柒万零壹拾贰元整	，　，　．
2	人民币壹佰叁拾万元整	，　，　．
3	人民币陆佰玖拾贰万肆仟元零壹分	，　，　．
4	人民币捌仟零伍拾柒元叁角伍分	，　，　．
5	人民币肆亿零陆佰元零叁角整	，　，　．
6	人民币玖拾捌万壹仟元零壹分	，　，　．
7	人民币壹拾柒元捌角陆分	，　，　．
8	人民币叁仟玖佰万零伍拾元零玖分	，　，　．
9	人民币贰拾伍亿零玖拾柒元整	，　，　．
10	人民币捌拾陆万肆仟叁佰元柒角整	，　，　．

3. 表 1－3 为中文大写票据日期实训。

表 1－3

序号	日　期	票据（支票）日期
1	1998 年 7 月 6 日	
2	2000 年 5 月 30 日	
3	2003 年 11 月 9 日	
4	2015 年 1 月 22 日	
5	2016 年 2 月 17 日	
6	2017 年 1 月 31 日	
7	2018 年 3 月 3 日	
8	2018 年 4 月 6 日	
9	2019 年 12 月 1 日	
10	2021 年 10 月 10 日	

4. 表 1－4、表 1－5 为收据填写实训。

表 1－4

收　　据　№

入账日期：　　年　　月　　日

交款单位		收款方式	
人 民 币（大写）		￥	
收款事由			
			年　月　日

（一）收据存根

强林账品 521-54

单位盖章：　　财务主管：　　记账：　　出纳：　　审核：　　经办：

表 1－5

收 款 收 据

年　　月　　日　　　　No. 000001

交款单位（或交款人）	
交款项目	
金额（大写）　拾　万　仟　佰　拾　元　角　分	￥　　元
备注：	

第一联存根（白）　第二联存根（粉）　第三联存根（黄）

收款单位公章　　交款人：　　收款人：

实训二

原始凭证的填制

一、实训目的

1. 熟悉各种经济业务发生时应填制的原始凭证的种类、格式及内容，并掌握其填制的方法，加深对原始凭证有效性的认识。

2. 熟悉原始凭证填制的一般要求及相关规定，掌握原始凭证的填制方法，提高判断、鉴别原始凭证真实性、合法性、合理性的水平。

二、技能要求

（一）总体要求

1. 原始凭证是企业记录发生的经济业务的原始资料，其填制方法和要求既有共性又有特性。在填制原始凭证之前，应先熟悉每笔经济业务，对经济业务的性质、发生的条件、原因、制度规定和情况有所了解，在此基础上，选择适用的原始凭证，并按照原始凭证的填制要求，认真逐笔地填制原始凭证。

2. 对填制完毕的原始凭证，根据有关会计法规、政策、制度的规定，对原始凭证的真实性、完整性、合法性、正确性进行严格地审核。经过审核无误的原始凭证，才能作为编制记账凭证和登记账簿的依据。

（二）具体操作要求

填制原始凭证的具体要求：

（1）真实可靠。凭证上的有关经济业务的内容、金额等必须根据实际情况填列，不能弄虚作假，歪曲事实，不涂改、挖补，这样才能保证原始凭证的真实可靠，也才能保证在此基础上形成的会计核算资料的真实可靠。

（2）内容完整。凡是凭证格式规定的各项内容必须填写齐全，不得遗漏和省略，以便完整地反映经济活动的全貌。尤其需要注意的是，年、月、日要按照填制原始凭证的实际日期填写；名称要写全，不能简化；品名或用途要填写明确，不许含糊不清；有关人员的签章必须齐全。

（3）数字准确。凭证上有关数字的计算必须准确无误。大小写金额必须相符，数量、单价和金额之间的计算必须准确，等等。

（4）填制及时。有关人员必须在经济业务发生或完成时及时填制原始凭证，以便及时反映经济业务并进行会计核算。

（5）书写清楚。即字迹端正、易于辨认，做到数字书写符合会计上的技术要求，文字工整，不草、不乱；复写的凭证，要不串格、不串行、不模糊。

（6）顺序使用。即收付款项或实物的凭证要按顺序或分类编号，编制时按照编号的顺序使用，跳号的凭证应当加盖“作废”戳记，不得撕毁。

三、实训资料

2019 年 2 月北京市辰新商贸有限公司发生部分经济业务如下：

（1）1 日，财务科出纳员周云将上月多余现金 85 600 元清点无误后存入银行（其中 100 元的 700 张，面额 50 元的 300 张，面额 10 元的 60 张），周云清点之后认真填写现金送款簿如表 2－1。

表 2－1

中国工商银行现金送款簿

对方科目：　　　　　　　　　　　　交款日期　　　年　　月　　日

<table>
<tr><td>收款单位名称</td><td colspan="4"></td><td colspan="4">开户银行账号</td><td colspan="9"></td></tr>
<tr><td rowspan="2">款项来源</td><td colspan="8" rowspan="2"></td><td colspan="9">金　额</td></tr>
<tr><td>百</td><td>十</td><td>万</td><td>千</td><td>百</td><td>十</td><td>元</td><td>角</td><td>分</td></tr>
<tr><td>人民币
（大写）</td><td colspan="8"></td><td colspan="9"></td></tr>
<tr><td>券别数额</td><td>100
元</td><td>50
元</td><td>20
元</td><td>10
元</td><td>5
元</td><td>1
元</td><td>5
角</td><td>1
角</td><td colspan="3">金额合计</td><td colspan="6">收款银行盖章</td></tr>
<tr><td>整把券</td><td></td><td></td><td></td><td></td><td></td><td></td><td></td><td></td><td colspan="3"></td><td colspan="6" rowspan="2"></td></tr>
<tr><td>零把券</td><td></td><td></td><td></td><td></td><td></td><td></td><td></td><td></td><td colspan="3"></td></tr>
</table>

收款复核　　　　　　　　　　　　　　　　　　　　　收款员

（2）4 日，财务科出纳员周云（身份证号码：532901198304050911）开出现金支票 1 张 2 500 元，从银行提取现金，以备零用。要求填写现金支票（其存根为记账的依据）。见表 2－2。

表 2－2

<table>
<tr>
<td rowspan="3">工商银行现金支票存根
ⅦⅡ01016681
科　　目：
对方科目：

签发日期：　年　月　日
收款人：
金　额：
用　途：
备　注：
收款人签收：</td>
<td colspan="11">中国工商银行　现金支票　ⅦⅡ01016681

签发日期：　年　月　日　付款行名称：工行北京马神庙支行
收款人：　出票人账号：23456798731</td>
</tr>
<tr>
<td>人民币
（大写）</td><td>千</td><td>百</td><td>十</td><td>万</td><td>千</td><td>百</td><td>十</td><td>元</td><td>角</td><td>分</td>
</tr>
<tr>
<td colspan="11">用途：　科目（付）
对方科目（收）
上列款项请从我账户内支付　付讫日期　年　月　日
（签发人签章）
出纳　复核　记账　审单</td>
</tr>
</table>

（3）6 日，供销科赵青因采购材料去武汉，经供销科长王浩批准，填写“借款单”向财务科借现金 2 000 元（复核人桂敏，财务科长张义）。见表 2－3。

表 2－3

现金	支票	电汇	信汇

借　款　单

年　月　日

<table>
<tr><td colspan="3">借款部门：</td></tr>
<tr><td colspan="3">借款理由：</td></tr>
<tr><td colspan="3">借款数额：人民币（大写）　　￥</td></tr>
<tr><td colspan="2">本部门负责人意见：</td><td>借款人：（签章）</td></tr>
<tr><td>领导意见：</td><td>会计主管人员核批：</td><td>备注：</td></tr>
</table>

（4）7 日，光明公司向辰新商贸有限公司提供 2 000 平方米的厂房作为投资，该厂房原值 28 万元，预计使用年限 20 年（已使用 4 年），已提折旧 5.6 万元。要求填制固定资产联营转移单。见表 2－4。

表 2－4

固定资产联营转移单

调出单位：

调入单位：　　　　　　　　　　　　年　月　日

<table>
<tr><td colspan="2">调拨原因或依据</td><td colspan="4"></td><td>调拨方式</td><td colspan="2"></td></tr>
<tr><td>固定资产名　称</td><td>规格及型　号</td><td>单位</td><td>数量</td><td>预计使用年限</td><td>已使用年　限</td><td>原值</td><td>已提折旧</td><td>净值</td></tr>
<tr><td></td><td></td><td></td><td></td><td></td><td></td><td></td><td></td><td></td></tr>
<tr><td colspan="2">调出单位</td><td colspan="3" rowspan="2">（公章）</td><td colspan="2">调入单位</td><td colspan="2" rowspan="2">（公章）</td></tr>
<tr><td colspan="2">财务：
经办：</td><td colspan="2">财务：
经办：</td></tr>
</table>

（5）8 日，辰新商贸有限公司又收到光明公司（开户行：工商银行平山道分理处，账号：374027384）投入资本 50 万元，收到支票并存入银行。要求填写统一收据（收款人：李华，交款人：刘萍）和进账单。见表 2－5、表 2－6。

表 2－5

××市非经营性专用发票

年　月　日

<table>
<tr><td colspan="4">今收到 ____________________</td><td rowspan="4">第二联　会计</td></tr>
<tr><td colspan="4">交　来 ____________________</td></tr>
<tr><td colspan="4">人民币（大写）____________________　　　　￥__________</td></tr>
<tr><td>收款单位
（公章）</td><td>收款人</td><td></td><td>交款人　</td></tr>
</table>

表 2－6

中国工商银行进账单（回单或收账通知）

年　　月　　日　　　　　　　　　　第　　号

<table>
<tr><td rowspan="3">付款人</td><td>全　称</td><td></td><td rowspan="3">收款人</td><td>全　称</td><td colspan="10">辰新商贸有限公司</td></tr>
<tr><td>账　号</td><td></td><td>账　号</td><td colspan="10">23456798731</td></tr>
<tr><td>开户银行</td><td></td><td>开户银行</td><td colspan="10">工行北京市马神庙支行</td></tr>
<tr><td colspan="2" rowspan="2">人民币（大写）</td><td colspan="3" rowspan="2"></td><td>百</td><td>十</td><td>万</td><td>千</td><td>百</td><td>十</td><td>元</td><td>元</td><td>角</td><td>分</td></tr>
<tr><td></td><td></td><td></td><td></td><td></td><td></td><td></td><td></td><td></td><td></td></tr>
<tr><td colspan="2">票据种类</td><td></td><td colspan="12" rowspan="3">收款人开户银行签章</td></tr>
<tr><td colspan="2">票据张数</td><td></td></tr>
<tr><td colspan="3">单位主管　　会计　复核　记账</td></tr>
</table>

第二联　收款人回单联

（6）9 日，辰新商贸有限公司向华一商场（开户行：工商银行桥办支行，账号：3862318）销售电子产品一批：鼠标 100 个，单价 40 元/个；U 盘 200 个，单价 20 元/个。华一商场以现金支付全部款项。要求填写普通发票 1 张（存根作为记账的依据），见表 2－7。

表 2－7

北京市商业零售发票

发 票 联

客户名称：　　　　　　　　　　　年　　月　　日

<table>
<tr><td rowspan="2">货 号</td><td rowspan="2">品　名</td><td rowspan="2">规 格</td><td rowspan="2">单 位</td><td rowspan="2">数 量</td><td rowspan="2">单 价</td><td colspan="7">金　额</td></tr>
<tr><td>万</td><td>千</td><td>百</td><td>十</td><td>元</td><td>角</td><td>分</td></tr>
<tr><td></td><td></td><td></td><td></td><td></td><td></td><td></td><td></td><td></td><td></td><td></td><td></td><td></td></tr>
<tr><td></td><td></td><td></td><td></td><td></td><td></td><td></td><td></td><td></td><td></td><td></td><td></td><td></td></tr>
<tr><td></td><td></td><td></td><td></td><td></td><td></td><td></td><td></td><td></td><td></td><td></td><td></td><td></td></tr>
<tr><td></td><td></td><td></td><td></td><td></td><td></td><td></td><td></td><td></td><td></td><td></td><td></td><td></td></tr>
<tr><td>合计金额（大写）</td><td colspan="5"></td><td></td><td></td><td></td><td></td><td></td><td></td><td></td></tr>
<tr><td>开票单位</td><td>（盖章有效）</td><td>备注</td><td colspan="10"></td></tr>
</table>

开票人（章）：　　　　　　　　　　　收款人（章）：

（7）10日，辰新商贸有限公司从向阳公司（地址：昆明市龙泉路325号，开户行：工商银行河办，账号：428799，税务登记号：130203112345678）购入电子原料一批，增值税专用发票注明买价18 000元，税金2 880元，共计20 880元，材料已验收入库，货款以银行存款支付。要求填制转账支票1张（存根作为记账的依据）、入库单。见表2－8、表2－9。

表2－8

工商银行转账支票存根

ⅦⅡ01016702

科　　目：________

对方科目：________

签发日期：　年　月　日

收款人：________

金　额：________

用　途：________

备　注：

收款人签收：

年　月　日

中国工商银行转账支票　　　　ⅦⅡ01016702

签发日期：　　年　　月　　日　　　　付款行名称：

收款人：　　　　　　　　　　　　　　出票人账号：

人民币（大写）	千	百	十	万	千	百	十	元	角	分

用途：　　　　　　　　　　　　　　银行会计分录：

　　　　　　　　　　　　　　　　　科目（借）________

上列款项请从我账户内支付　　　　　对方科目（贷）________

（签发人签章）

复核　记账　审单

表2－9

材料验收入库单

材料来源

供应单位：

发票号：　　　　　　　　　　　　　　　　　　　　字第　　号

材料类别	材料名称	规格材质	计量单位	数量	实收数量	金额								
						单价	十	万	千	百	十	元	角	分
检验结果：		检验员签章：		运杂费										
				合计										

第三联　材料会计

仓库主管：　　材料会计：　　收料员：　　经办人：　　制单：

（8）11 日，供销科赵青从武汉出差归来，报销差旅费 2 270 元（起止日期 12 月 3—9 日）。其中，飞机票 2 张，金额 1 580 元；市内交通单据 6 张，金额 200 元；住宿费 4 天，金额 400 元；途中补助 90 元（补付现金 270 元）。要求填写差旅费报销单。见表 2－10。

表 2－10

差旅费报销单

单位名称：　　　　　　　出差起止日期：由　　年　　月　　日至　　年　　月　　日

出差人姓名			出差地点			出差天数			
车船及住宿费	种类	票据数	金额	出差补助费	出差地点	天数	标准	金额	报销结算情况
	火车费								原出差借款　　元报销　　元
	长途汽车费								补发　　元，退还　　元
	市内交通费								备注
	住宿费								
	其他								
	小计								负责人　　支领人
合计金额	人民币（大写）仟　佰　拾　元　角　分 ¥________								年　月　日

（9）12 日，辰新商贸有限公司销售给大洋公司（地址、电话：北京市经济开发区 25306060，开户行：工商银行河沽分行，账号：018350081895，税务登记号：120115600831710）智能手表 200 件，每件售价 1 000 元，计 200 000 元，同时收取增值税 32 000元，共计 232 000 元，当即收到对方转账支票并存入银行。要求填写增值税专用发票一式四联（第四联作为企业记账的依据）和进账单。见表 2－11、表 2－12。

表 2－11

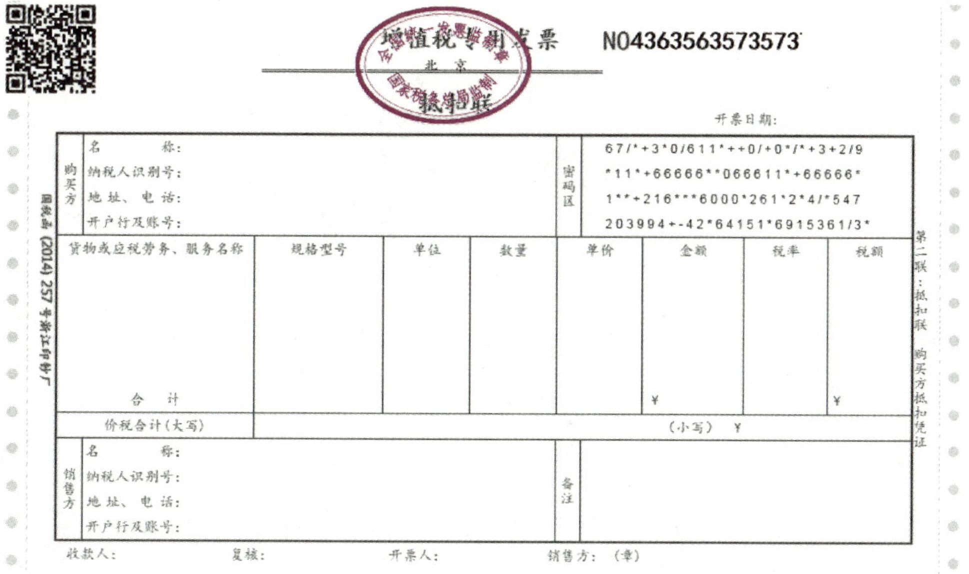
增值税专用发票　N04363563573573

北京

抵扣联

开票日期：

购买方	名　称： 纳税人识别号： 地址、电话： 开户行及账号：			密码区	67/*+3*0/611*++0/+0*/*+3+2/9 *11*+66666**066611*+66666* 1**+216***6000*261*2*4/*547 203994+-42*64151*6915361/3*			
货物或应税劳务、服务名称	规格型号	单位	数量	单价	金额	税率	税额	
合　计					¥		¥	
价税合计（大写）				（小写）　¥				
销售方	名　称： 纳税人识别号： 地址、电话： 开户行及账号：			备注				

收款人：　　　　复核：　　　　开票人：　　　　销售方：（章）

国税函（2014）257 号浙江印钞厂

第二联：抵扣联　购买方抵扣凭证

表 2－12

中国工商银行进账单（回单或收账通知）

年　月　日　　　　　　　第　号

<table>
<tr><td rowspan="3">付款人</td><td>全　称</td><td></td><td rowspan="3">收款人</td><td>全　称</td><td colspan="10"></td><td rowspan="9">第二联　收款人回单联</td></tr>
<tr><td>账　号</td><td></td><td>账　号</td><td colspan="10"></td></tr>
<tr><td>开户银行</td><td></td><td>开户银行</td><td colspan="10"></td></tr>
<tr><td colspan="2" rowspan="2">人民币（大写）</td><td colspan="3" rowspan="2"></td><td>百</td><td>十</td><td>万</td><td>千</td><td>百</td><td>十</td><td>元</td><td>元</td><td>角</td><td>分</td></tr>
<tr><td></td><td></td><td></td><td></td><td></td><td></td><td></td><td></td><td></td><td></td></tr>
<tr><td colspan="2">票据种类</td><td></td><td colspan="12" rowspan="3">收款人开户银行签章</td></tr>
<tr><td colspan="2">票据张数</td><td></td></tr>
<tr><td colspan="3">单位主管　会计　复核　记账</td></tr>
</table>

（10）13 日，向济南昌林电子设备厂（地址、电话：济南市外环线西侧子牙河桥南 2732553，开户行：工商银行三环分理处，账号：874000196，税务登记号：152011000762240）购买电脑芯片 500 支，每支 100 元，增值税率 16%。采用“信汇”结算方式汇款。要求填制信汇凭证 1 张（存根作为记账的凭据）。见表 2－13。

表 2－13

中国工商银行信汇凭证（回单）①

委托日期　　年　月　日　　　　　　　第　号

<table>
<tr><td rowspan="3">汇款人</td><td>全　称</td><td colspan="3"></td><td rowspan="3">收款人</td><td>全　称</td><td colspan="10"></td></tr>
<tr><td>账号或地址</td><td colspan="3"></td><td>账号或地址</td><td colspan="10"></td></tr>
<tr><td>汇出地点</td><td>省　市（县）</td><td>汇出行名　称</td><td></td><td>汇入地点</td><td colspan="4">省　市（县）</td><td colspan="2">汇入行名　称</td><td colspan="4"></td></tr>
<tr><td rowspan="2">金额</td><td colspan="6" rowspan="2">人民币（大写）</td><td>千</td><td>百</td><td>十</td><td>万</td><td>千</td><td>百</td><td>十</td><td>元</td><td>角</td><td>分</td></tr>
<tr><td></td><td></td><td></td><td></td><td></td><td></td><td></td><td></td><td></td><td></td></tr>
<tr><td colspan="7">汇款用途：
上列款项已根据委托办理，如需查询，请持此联来面洽。

单位主管　会计　复核　记账</td><td colspan="10">汇出行盖章

年　月　日</td></tr>
</table>

（11）14 日，公司从 2 号仓库领用电子芯片 100 支，单价 100 元，用于生产，领料人：李林；发料人：陆华。要求填制领料单 1 张（存根作为记账的凭据）。见表 2－14。

表 2－14

领　料　单

第　　号

领料单位：　　　　　　　　年　　月　　日　　　　　　　　发料仓库：

材料类别	材料编号	材料名称	规格	计量单位	数量		单价	金额
					请领	实领		
备注				合 计				

发料人：　　　　　　　　领料人：　　　　　　　　记账：

（12）15 日，向广清纸厂（开户银行：亨通商业银行虹桥支行；账号：300566－01144455578；纳税登记号：301120055880099；收款人：方海；开票人：张红）购买纸箱 1 000 个，单价 10 元/个，增值税率为 16%。款项采用“托收承付”结算，要求填制托收承付凭证 1 张（存根作为记账的凭据）。见表 2－15。

表 2－15

托收承付凭证（承付/支款通知）⑤

第　　号

委托日期　　年　　月　　日　　　　　　托收号码：

付款人	全　称		收款人	全　称										
	账号或地址			账号或地址										
	开户银行			开户银行										
托收金额	人民币（大写）				千	百	十	万	千	百	十	元	角	分
附　件	商品发运情况		合　同　名　称　号　码											
附件单证张数														
备注：			付款人注意：											

单位主管　　　　会计　　　　复核　　　　记账

实训三

日记账的设置与登记

一、实训目的

日记账又称序时账，是按照经济业务发生时间的顺序逐日逐笔登记的账簿。在经济活动中，无论现金还是银行存款的收付款业务，出纳人员都应登记相应的日记账并进行账实核对。可见日记账的设置和登记是会计的主要技能之一。通过本实训的练习，熟悉现金日记账和银行存款日记账的收付存登记，了解日记账的设置要求、格式和登记的依据，掌握日记账的登记方法。

二、技能要求

（一）总体要求

根据实训资料中所给的收付款凭证，开设并登记“现金日记账”和“银行存款日记账”。

（二）具体操作要求

1. 日记账的设置。为了能够正确、全面、及时地反映本单位现金和银行存款的收付和结存情况，随时掌握现金、银行存款的动态，促进资金的高效利用，各单位应按照自身经营业务的需要和经营管理的要求分别设置现金日记账和银行存款日记账。不同单位因经济业务性质不同、经营规模大小不同，其经营管理要求不同，相应地需要设置的日记账种类、格式也就不同。如核算单位只有人民币现金业务，则只开设一本现金日记账，如单位涉及多种货币的收付，则应按现金的种类开设多个现金日记账；银行存款日记账也应按单位的存款账号的多少来开设一本或多本银行存款日记账。

日记账有多种格式，在一般情况下使用三栏式日记账即可，本实训使用的即是最常用的三栏式日记账。

2. 日记账的启用。现金日记账和银行存款日记账一律采用订本式账簿，一般由封面、扉页和账页构成。出纳员启用现金日记账和银行存款日记账时，首先应在账簿封面写明单位名称和账簿名称以及所属年份。然后在账簿的扉页上填写单位名称、账簿名称、账簿页数、启用账簿日期、记账人员和会计主管人员姓名，并加盖单位出纳专用章和个人名章。

3. 日记账的登记。现金日记账由出纳人员根据审核后的现金收、付款凭证，将凭证日期、编号、业务内容、摘要、金额逐日逐笔顺序登记入账。银行存款日记账通常也是由出纳人员根据审核后的有关银行存款收付款凭证逐笔顺序登记的。

登记时需用蓝黑墨水和碳素墨水笔书写，红色墨水笔只能在冲账、划线、改错时使用。账簿应按账页页次顺序连续登记，不得跳行、隔页，如果发生跳行、隔页，应将空行、空页划线注销，或者注明“此行空白”“此页空白”字样，并由出纳人员加盖名章，以明确责任。在日记账账页中书写的文字和数字应适当留空，书写文字应紧靠左线，书写数字应紧靠底线，字体大小一般占格宽的1/2，以便出现差错时按规定方法改错。出纳员应按日结出余额，账页登记完毕结转下页时，应结出本页合计数及余额，写在本页最后一行和次页第一行有关栏内，同时在摘要栏内分别注明“过次页”“承前页”字样，表示衔接。

三、实训资料

（一）企业概况

企业名称：北京辰新商贸有限责任公司

地　　址：北京市海淀区马神庙231号　68538042

法人代表：马进

企业类型：有限责任公司

经营范围：主要从事电子设备的加工和销售

纳税人登记号：11230316MA7HDQ540L（认定为一般纳税人）

基本账户开户银行：工商银行北京市马神庙支行

账　　号：23456798731

公司财务部人员构成：

会计主管：李宏　　　　总账会计：孙娟　　　　成本会计：王丽

出　　纳：周云　　　　采购部：严浩（主管）、张华

综 合 部：王琴　　　　财务部经理：李密

（二）实训资料

1. 北京辰新商贸有限责任公司2019年7月末库存现金日记账余额与银行存款日记账余额如表3－1所示。

表3－1

	年初数	1—7月合计数	7月末余额
库存现金	9 321	28 741 31	4 210
银行存款	90 258 149.60	2 548 325.87	383 600

2. 北京辰新商贸有限责任公司2019年8月份发生如下有关的现金、银行存款收支业务，请根据以下业务登记本月库存现金日记账与银行存款日记账。

（1）2日，接银行收账通知，收到新正公司投资50万元。填写记账凭证如表3－2所示。

表3－2

收款凭证

2019年 08 月 02 日　　　　银收字 01 号

摘要	科目		√	借方余额									贷方余额								
	总账科目	明细科目		百	十	万	千	百	十	元	角	分	百	十	万	千	百	十	元	角	分
收到投资款	银行存款	建设银行海口市支行			5	0	0	0	0	0	0	0									
	实收资本	新正公司												5	0	0	0	0	0	0	0
				¥	5	0	0	0	0	0	0	0	¥	5	0	0	0	0	0	0	0

（附件 1 张）

会计主管 李宏　记账 周云　出纳 周云　稽核 李宏　填制 孙娟

（2）3 日，开出现金支票，从银行提取现金 3 000 元备用。填写记账凭证如表 3－3 所示。

表 3－3

付 款 凭 证

2019年 08 月 03 日　　　　银付字 01 号

摘要	科目		√	借方余额									贷方余额								
	总账科目	明细科目		百	十	万	千	百	十	元	角	分	百	十	万	千	百	十	元	角	分
提取备用金	库存现金						3	0	0	0	0	0									
	银行存款	建设银行海口市支行														3	0	0	0	0	0
							¥	3	0	0	0	0	0			¥	3	0	0	0	0	0

（附件 1 张）

会计主管 李宏　记账 周云　出纳 周云　稽核 李宏　填制 孙娟

（3）5 日，接到银行收账通知，收到九鑫公司上月所欠货款 26 000 元。填写记账凭证如表 3－4 所示。

表 3－4

收 款 凭 证

2019年 08 月 07 日　　　　银收字 02 号

摘要	科目		√	借方余额									贷方余额								
	总账科目	明细科目		百	十	万	千	百	十	元	角	分	百	十	万	千	百	十	元	角	分
收到上月货款	银行存款	建设银行海口市支行				2	6	0	0	0	0	0									
	应收账款	九鑫公司													2	6	0	0	0	0	0
					¥	2	6	0	0	0	0	0		¥	2	6	0	0	0	0	0

（附件 1 张）

会计主管 李宏　记账 周云　出纳 周云　稽核 李宏　填制 孙娟

（4）7 日，开出转账支票预付大洋公司购货款共计 60 000 元。填写记账凭证如表 3－5 所示。

表 3－5

付 款 凭 证

2019年 08 月 07 日　　　　　　银付字 02 号

摘要	科目		√	借方余额									贷方余额								
	总账科目	明细科目		百	十	万	千	百	十	元	角	分	百	十	万	千	百	十	元	角	分
预付购货款	预付账款	大洋公司				6	0	0	0	0	0	0									
	银行存款	建设银行海口市支行													6	0	0	0	0	0	0
					¥	6	0	0	0	0	0	0		¥	6	0	0	0	0	0	0

（附件 2 张）

会计主管 李宏　记账 周云　出纳 周云　稽核 李宏　填制 孙娟

（5）8 日，从银行提取现金 100 000 元备发工资。填写记账凭证如表 3－6 所示。

表 3－6

付 款 凭 证

2019年 08 月 08 日　　　　　　银付字 03 号

摘要	科目		√	借方余额									贷方余额								
	总账科目	明细科目		百	十	万	千	百	十	元	角	分	百	十	万	千	百	十	元	角	分
提现	库存现金				1	0	0	0	0	0	0	0									
	银行存款	建设银行海口市支行												1	0	0	0	0	0	0	0
				¥	1	0	0	0	0	0	0	0	¥	1	0	0	0	0	0	0	0

（附件 1 张）

会计主管 李宏　记账 周云　出纳 周云　稽核 李宏　填制 孙娟

（6）8 日，以现金 100 000 元发放职工工资。填写记账凭证如表 3－7 所示。

表 3－7

付 款 凭 证

2019年 08 月 08 日　　　　现付字 01 号

摘要	科目		√	借方余额									贷方余额								
	总账科目	明细科目		百	十	万	千	百	十	元	角	分	百	十	万	千	百	十	元	角	分
发放工资	应付职工薪酬	工资			1	0	0	0	0	0	0	0									
	库存现金													1	0	0	0	0	0	0	0
				¥	1	0	0	0	0	0	0	0	¥	1	0	0	0	0	0	0	0

（附件 1 张）

会计主管 李 宏　记账 周 云　出纳 周 云　稽核 李 宏　填制 孙 娟

（7）10 日，以现金 3 650 元支付公司办公室报销业务招待费。填写记账凭证如表 3－8 所示。

表 3－8

付 款 凭 证

2019年 08 月 10 日　　　　现付字 02 号

摘要	科目		√	借方余额									贷方余额								
	总账科目	明细科目		百	十	万	千	百	十	元	角	分	百	十	万	千	百	十	元	角	分
支付业务招待费	管理费用	业务招待费					3	6	5	0	0	0									
	库存现金															3	6	5	0	0	0
						¥	3	6	5	0	0	0	0		¥	3	6	5	0	0	0

（附件 1 张）

会计主管 李 宏　记账 周 云　出纳 周 云　稽核 李 宏　填制 孙 娟

（8）11 日，接银行收款通知，收到向成都东华机械公司托收的货税款和代垫运杂费 40 000 元。填写记账凭证如表 3－9 所示。

表 3－9

收 款 凭 证

2019年 08 月 11 日　　　　银收字 03 号

摘要	科目		√	借方余额									贷方余额								
	总账科目	明细科目		百	十	万	千	百	十	元	角	分	百	十	万	千	百	十	元	角	分
收到货款	银行存款	建设银行海口市支行				4	0	0	0	0	0	0									
	应收账款	东华公司													4	0	0	0	0	0	0
					¥	4	0	0	0	0	0	0	0	¥	4	0	0	0	0	0	0

（附件 2 张）

会计主管 李 宏　记账 周 云　出纳 周 云　稽核 李 宏　填制 孙 娟

（9）12 日，业务员费云出差，经批准借支现金 2 000 元。填写记账凭证如表 3－10 所示。

表 3－10

付 款 凭 证

2019年 08 月 12 日　　　　现付字 03 号

摘要	科目		√	借方余额									贷方余额								
	总账科目	明细科目		百	十	万	千	百	十	元	角	分	百	十	万	千	百	十	元	角	分
借支差旅费	其他应收款	费云					2	0	0	0	0	0									
	库存现金															2	0	0	0	0	0
						¥	2	0	0	0	0	0			¥	2	0	0	0	0	0

（附件 1 张）

会计主管 李 宏　记账 周 云　出纳 周 云　稽核 李 宏　填制 孙 娟

（10）12 日，仓库清理出售废料，收回现金 232 元。填写记账凭证如表 3 – 11 所示。

表 3 – 11

收 款 凭 证

2019年 08 月 12 日　　　　　　　　现收字 01 号

摘要	科目		√	借方余额									贷方余额								
	总账科目	明细科目		百	十	万	千	百	十	元	角	分	百	十	万	千	百	十	元	角	分
出售废料收入	库存现金							2	3	2	0	0									
	其他业务收入	东华公司															2	0	0	0	0
	应交税费	应交增值税（销项税额）																3	2	0	0
							¥	2	3	2	0	0				¥	2	3	2	0	0

（附件 1 张）

会计主管 李 宏　记账 周 云　出纳 周 云　稽核 李 宏　填制 孙 娟

（11）13 日，将昨日废料款 232 元收入送存银行。填写记账凭证如表 3 – 12 所示。

表 3 – 12

付 款 凭 证

2019年 08 月 13 日　　　　　　　　现付字 04 号

摘要	科目		√	借方余额									贷方余额								
	总账科目	明细科目		百	十	万	千	百	十	元	角	分	百	十	万	千	百	十	元	角	分
存入废料收入	银行存款	建设银行海口市支行						2	3	2	0	0									
	库存现金																2	3	2	0	0
							¥	2	3	2	0	0				¥	2	3	2	0	0

（附件 1 张）

会计主管 李 宏　记账 周 云　出纳 周 云　稽核 李 宏　填制 孙 娟

（12）14 日，办公室购办公用品 1 300 元并实时领用，以转账支票支付。填写记账凭证如表 3－13。

表 3－13

付 款 凭 证

2019年 08 月 14 日　　　　银付字 05 号

摘要	科目		√	借方余额									贷方余额								
	总账科目	明细科目		百	十	万	千	百	十	元	角	分	百	十	万	千	百	十	元	角	分
购墨盒、复印纸等	管理费用	办公费					1	3	0	0	0	0									
	库存现金															1	3	0	0	0	0
						¥	1	3	0	0	0	0			¥	1	3	0	0	0	0

（附件 1 张）

会计主管 李宏　记账 周云　出纳 周云　稽核 李宏　填制 孙娟

（13）15 日，购生产用机器设备一台，价款 365 000 元，以转账支票支付。填写记账凭证如表 3－14 所示。

表 3－14

付 款 凭 证

2019年 08 月 15 日　　　　银付字 07 号

摘要	科目		√	借方余额									贷方余额								
	总账科目	明细科目		百	十	万	千	百	十	元	角	分	百	十	万	千	百	十	元	角	分
购设备，已投入使用	固定资产	PS设备			3	6	5	0	0	0	0	0									
	银行存款	建设银行海口市支行												3	6	5	0	0	0	0	0
				¥	3	6	5	0	0	0	0	0	¥	3	6	5	0	0	0	0	0

（附件 2 张）

会计主管 李宏　记账 周云　出纳 周云　稽核 李宏　填制 孙娟

（14）18 日，向银行申请三个月贷款办妥，金额 50 000 元。填写记账凭证如表3－15所示。

表 3－15

收　款　凭　证

2019年　08　月　18　日　　　　　　　　银收字　04　号

摘要	科目		√	借方余额									贷方余额								
	总账科目	明细科目		百	十	万	千	百	十	元	角	分	百	十	万	千	百	十	元	角	分
借入短期借款	银行存款	建设银行海口市支行				5	0	0	0	0	0	0									
	短期借款														5	0	0	0	0	0	0
					¥	5	0	0	0	0	0	0		¥	5	0	0	0	0	0	0

（附件 1 张）

会计主管 李　宏　记账 周　云　出纳 周　云　稽核 李　宏　填制 孙　娟

（15）20 日，业务员费云出差回来报销差旅费 1 750 元，交回现金 250 元。填写记账凭证分别如表 3－16－1/2、表 3－16－2/2 所示。

表 3－16－1/2

收　款　凭　证

2019年　08　月　20　日　　　　　　　　现收字　02　号

摘要	科目		√	借方余额									贷方余额								
	总账科目	明细科目		百	十	万	千	百	十	元	角	分	百	十	万	千	百	十	元	角	分
收回借支余款	库存现金							2	5	0	0	0									
	其他应收款	费云															2	5	0	0	0
							¥	2	5	0	0	0				¥	2	5	0	0	0

（附件 2 张）

会计主管 李　宏　记账 周　云　出纳 周　云　稽核 李　宏　填制 孙　娟

表 3－16－2/2

转　账　凭　证

2019年　08　月　20 日　　　　　　　　转字　01　号

摘要	科目		√	借方余额									贷方余额								
	总账科目	明细科目		百	十	万	千	百	十	元	角	分	百	十	万	千	百	十	元	角	分
报销差旅费	管理费用	差旅费					1	7	5	0	0	0									
	其他应收款	费云														1	7	5	0	0	0
						¥	1	7	5	0	0	0			¥	1	7	5	0	0	0

（附件 2 张）

会计主管 李宏　记账 周云　出纳 周云　稽核 李宏　填制 孙娟

（16）21 日，签发转账支票支付公司广告费 100 000 元。填写记账凭证如表 3－17 所示。

表 3－17

付　款　凭　证

2019年　08　月　21 日　　　　　　　　银付字　08　号

摘要	科目		√	借方余额									贷方余额								
	总账科目	明细科目		百	十	万	千	百	十	元	角	分	百	十	万	千	百	十	元	角	分
支付广告费	销售费用	广告费			1	0	0	0	0	0	0	0									
	银行存款	建设银行海口市支行												1	0	0	0	0	0	0	0
				¥	1	0	0	0	0	0	0	0	¥	1	0	0	0	0	0	0	0

（附件 1 张）

会计主管 李宏　记账 周云　出纳 周云　稽核 李宏　填制 孙娟

（17）22 日，销售甲产品一批价款 10 000 元，增值税 1 600 元，款项存入银行。填写记账凭证如表 3－18 所示。

表 3－18

收 款 凭 证

2019 年 08 月 22 日　　　　银收字 05 号

摘要	科目		√	借方余额									贷方余额								
	总账科目	明细科目		百	十	万	千	百	十	元	角	分	百	十	万	千	百	十	元	角	分
销售产品	银行存款	建设银行海口市支行				1	1	6	0	0	0	0									
	主营业务收入	甲产品													1	0	0	0	0	0	0
	应交税费	应交增值税（销项税额）														1	6	0	0	0	0
					¥	1	1	6	0	0	0	0		¥	1	1	6	0	0	0	0

（附件 1 张）

会计主管 李宏　记账 周云　出纳 周云　稽核 李宏　填制 孙娟

（18）23 日，以现金支付垃圾清理费 170 元。填写记账凭证如表 3－19 所示。

表 3－19

付 款 凭 证

2019 年 08 月 23 日　　　　现付字 06 号

摘要	科目		√	借方余额									贷方余额								
	总账科目	明细科目		百	十	万	千	百	十	元	角	分	百	十	万	千	百	十	元	角	分
支付垃圾清理费	管理费用	其他						1	7	0	0	0									
	库存现金																1	7	0	0	0
							¥	1	7	0	0	0				¥	1	7	0	0	0

（附件 1 张）

会计主管 李宏　记账 周云　出纳 周云　稽核 李宏　填制 孙娟

（19）26 日，签发转账支票支付公司排污费 670 元。填写记账凭证如表 3－20 所示。

表 3－20

付　款　凭　证

2019年　08　月　26　日　　　　　　　　银付字　09　　号

摘要	科目		√	借方余额									贷方余额								
	总账科目	明细科目		百	十	万	千	百	十	元	角	分	百	十	万	千	百	十	元	角	分
支付排污费	管理费用	其他						6	7	0	0	0									
	银行存款	建设银行海口市支行															6	7	0	0	0
							¥	6	7	0	0	0				¥	6	7	0	0	0

（附件 1 张）

会计主管 李　宏　　记账 周　云　　出纳 周　云　　稽核 李　宏　　填制 孙　娟

（20）28 日，收到方圆交来出租包装物押金 260 元。填写记账凭证如表 3－21 所示。

表 3－21

收　款　凭　证

2019年　08　月　28　日　　　　　　　　现收字　04　　号

摘要	科目		√	借方余额									贷方余额								
	总账科目	明细科目		百	十	万	千	百	十	元	角	分	百	十	万	千	百	十	元	角	分
收出租包装物押金	库存现金							2	6	0	0	0									
	其他应付款	方圆															2	6	0	0	0
							¥	2	6	0	0	0				¥	2	6	0	0	0

（附件 1 张）

会计主管 李　宏　　记账 周　云　　出纳 周　云　　稽核 李　宏　　填制 孙　娟

注：实训用日记账账页见附件二。

实训四

出纳岗位综合实训

一、实训目的

前面三个模块已经分别就出纳岗位的特征性让学生实习了财经数码字、原始凭证的登记和日记账的登记记账凭证，让学生清楚地认知了出纳岗位工作的重要性。现在以一套完整的账务处理流程让学生完成从记账凭证的登记到日记账登记再到凭证手工装订的完成，是考核学生在学习出纳业务特征之后的一次归整，并且是考核学生独立性的知识链接，让学生更直接地接触并独立完成一整套账务工作。

会计人员根据审核无误的原始凭证归类整理而编制的，用来确定会计分录，并据以登记账簿的一种会计凭证。记账凭证的正确与否直接关系到记账的真实性和正确性，因此，通过实训操作，使学生能够根据不同业务类型编制不同种类的记账凭证，并能按照要求对记账凭证进行审核。

二、技能要求

（一）总体要求

1. 根据给出的经济业务，编制“收款凭证”“付款凭证”“转账凭证”，并将原始凭证附于记账凭证之后。

2. 审核所编制记账凭证的正确性。

3. 根据编制好的会计凭证登记现金日记账与银行存款日记账。

（二）具体操作要求

记账凭证的正确与否直接关系到记账的真实性和正确性。所以记账凭证的填制除必须做到记录真实、内容完整、填制及时、书写规范外，还应符合以下要求：

1. 填制记账凭证的具体要求。

（1）记账凭证的编号。根据本单位业务量的多少、人员和分工情况来选择记账凭证的编号方法。可以按现金收入、现金付出、银行存款收入、银行存款付出和转账五类进行编号；也可以按收款凭证、付款凭证和转账凭证三类进行编号；如果单位经济业务简单、业务量较少，也可以不分类编号，将全部记账凭证统一进行编号。无论按哪一类编号，都必须按月连续编号，即按经济业务发生的时间顺序分类连续编号，如企业采用专用记账凭证，凭证编号可以是“收字第×号”“付字第×号”“转字第×号”等。如果一笔经济业务需要编制多张记账凭证时，可以采用分数编号法。例如，某项经济业务需要编制两张收款凭证，凭证的顺序号为3号，则两张凭证的编号分别为收字第 $3\frac{1}{2}$ 号和收字第 $3\frac{2}{2}$ 号。每月最后一张记账凭证的编号旁边，可加注“全”字，以免凭证散失。

（2）记账凭证日期的填写。记账凭证的日期，一般为编制记账凭证当天的日期，期末调整分录和结账分录，应填写当月月末的日期。例如，报销差旅费的记账凭证填写报销当日的日期；现金收付款记账凭证填写办理收付现金的日期；银行收款业务的记账凭证一般按财会部门收到银行进账单或银行回执的戳记日期填写，当实际收到银行进账单的日期与银行戳记日期相隔较远，按财会部门实际办理转账业务的日期填写；银行付款业务的记账凭证，一般以财会部门开出银行付款单据的日期或承付的日期填写；属于计提和分配费用等转账业务的应当按当月最后的日期填写。

（3）记账凭证摘要栏的填写。记账凭证的摘要栏是填写经济业务的简要内容的，如：对方单位的名称、货物名称、数量以及经办人员等。摘要应与原始凭证内容一致，能正确反映经济业务的主要内容，表述简短精练，应能使阅读的人通过摘要就能了解该项经济业务的性质、特征，判断出会计分录的正确与否，一般不必再去翻阅原始凭证或询问有关人员。

（4）正确编制会计分录。即：在填制记账凭证时，必须根据国家统一会计制度的规定和经济业务的内容，正确使用所涉及的会计科目名称和编制会计分录，不得简写或只写编号，写明一级科目、二级和明细科目，记账凭证借贷方的金额必须相等，合计数必须计算正确。填写记账凭证不得跳行或留有空行，对记账凭证中的空行，应该划斜线一条或一条“S”形线注销。划线应从金额栏最后一笔金额数字下的空行划到合计数上面的空行，并注意线的两端都不能划到金额数字的行次上。

（5）所附原始凭证的张数计算和填写。根据《会计基础工作规范》的规定，除部分转账业务、更正错账、期末结账及调整账项等，记账凭证必须附有原始凭证，并注明所附原始凭证的张数。如果一张原始凭证涉及几张记账凭证，可以把原始凭证附在一张主要的记账凭证后面，在摘要栏注明“本凭证附件包括××号记账凭证业务”字样，并在其他记账凭证上注明“原始凭证附在××号记账凭证后面”的字样。对需经过上级批准的经济业务，应将批准文件作为原始凭证的附件。如遇原始凭证需单独保存时，应将其整理使用完毕后，妥善保管，并在有关的记账凭证上加以注明，以便查找、核对。

所附原始凭证张数的计算方法有两种，一种是按构成记账凭证金额的原始凭证（或原始凭证汇总表）计算张数；另一种以所附原始凭证的自然张数为准。凡属转账业务的原始凭证张数的计算以构成记账凭证金额的张数为准，其他说明性质的资料均作附件的附件处理；凡属收付款业务的原始凭证张数的计数的计算，均以自然张数为准。

记账凭证附件是原始凭证汇总表的，属于转账业务的，其附件张数的计算以原始凭证汇总表的张数为准，汇总表所附的原始凭证只作为附件的附件处理；属于收付款业务的，其附件张数的计算，应把汇总表及所附的原始凭证或说明性质的资料均计入，但对差旅费、市内交通费、医药费等报销单据，可粘贴在一张纸上，作为一张原始凭证附件。

（6）记账凭证的签章。当记账凭证由会计人员填制完毕后，填制人员应该签名或盖章，并经稽核人员审核签名或盖章后，交由会计主管人员签名或盖章，最后由记账人员根据审核无误的记账凭证登记账簿，并在记账凭证上签名或盖章，以表示记账凭证已由其登记入账。对于收付款凭证，还必须由出纳人员签名或盖章，以表明出纳人员已对所签名或盖章的收付款凭证上的款项进行了收付。

2. 日记账的登记。现金日记账由出纳人员根据审核后的现金收、付款凭证，将凭证日期、编号、业务内容、摘要、金额逐日逐笔顺序登记入账。银行存款日记账通常也是由出纳人员根据审核后的有关银行存款收付款凭证逐笔顺序登记。

登记时需用蓝黑墨水和碳素墨水笔书写，红色墨水笔只能在冲账、划线、改错时使用。账簿应按账页页次顺序连续登记，不得跳行、隔页，如果发生跳行、隔页，应将空行、空页划线注销，或者注明“此行空白”“此页空白”字样，并由出纳人员加盖名章，以明确责任。在日记账账页中书写的文字和数字应适当留空，书写文字应紧靠左线，书写数字应紧靠底线，字体大小一般占格宽的1/2，以便出现差错时按规定方法改错。出纳员应按日结出余额，账页登记完毕结转下页时，应结出本页合计数及余额，写在本页最后一行和次页第一行有关栏内，同时在摘要栏内分别注明“过次页”“承前页”字样，表示衔接。

三、实训资料

（一）企业概况

企业名称：北京辰新商贸有限责任公司

地　　址：北京市海淀区马神庙231号　68538042

法人代表：马进

企业类型：有限责任公司

经营范围：主要从事电子设备的加工和销售

纳税人登记号：11230316MA7HDQ540L（认定为一般纳税人）

基本账户开户银行：工商银行北京市马神庙支行

账　　号：23456798731

公司财务部人员构成：

会计主管：李宏　　　　总账会计：孙娟　　　　成本会计：王丽

出　　纳：周云　　　　采购部：严浩（主管）、张华

综 合 部：王琴　　　　财务部经理：李密

（二）北京辰新商贸有限责任公司2019年11月末库存现金日记账余额与银行存款日记账余额如表4－1所示。

表 4－1

	年初数	1—11 月合计数	11 月末余额
库存现金	19 571	18 171.41	6 480.30
银行存款	86 271 780.47	4 148 625.07	423 210.78

（三）请根据 12 月发生经济业务所给出的原始凭证完成以下工作：

1. 根据经济业务中所给原始凭证，认真审核原始凭证并编制“收款凭证”“付款凭证”“转账凭证”，并将原始凭证附于记账凭证之后。

2. 审核所编制记账凭证的正确性。

3. 根据编制好的会计凭证登记现金日记账与银行存款日记账。

12 月北京辰新商贸有限责任公司发生经济业务如下：

业务 1：2019 年 12 月 1 日，接到银行收账通知，收到北京青年旅社前欠款 70 000 元，已转入公司账户。

表 1－1/1

托收凭证(收款通知)　　5

委托日期：2019 年　12 月　1 日

业务类型	委托收款(□ 邮划、☑ 电划)			托收承付(□ 邮划、□ 电划)			
付款人	全称	北京青年旅社		收款人	全称	北京辰新商贸有限责任公司	
	账号	34235423342			账号	23456798731	
	地址	省北京市 市/县	开户行 工商银行皂君庙支行		地址	省北京市 市/县	开户行 工商银行马神庙支行
金额	人民币（大写）	柒万元整			千百十万千百十元角分	￥7000000	
款项内容	收前欠款	托收凭据名称		附寄单证张数	1		
商品发运情况		合同名称号码					
备注： 复核　　记账		款项收妥日期 2019年12月1日 2019 年 12 月 1 日		收款人开户银行签章 工商银行北京市马神庙支行 2019.12.1 业务办讫章（04） 2019 年 12 月 1 日			

此联是付款人开户银行给付款人按期付款的通知

业务 2：2019 年 12 月 2 日，采购部张华赴南京出差开商品展销会，经批准向财务预借差旅费 3 000 元，财务人员审核无误后付现金。

表 2－1/1

借　款　单

申请日期：2019 年 12 月 2 日

借款人部门	采购部	借款人	张华
借款金额	（大写）人民币叁仟元整		（小写）￥3000.00
借款用途	差旅费		
借款方式	汇款（　　）现金（√）　其他（　　）		现金付讫
备注			
部门负责人：同意　卢浩	总经理：批准　马进		财务审核：李宏

业务 3：2019 年 12 月 4 日，根据投资协议书，公司接受三江电子设备厂（地址：北京市花园路 905 号，开户行：工商银行花园路支行，账号：9014752344232524325 2，税务登记号：KIL514812575MJY100）投入的货币资金 100 000 元，款已存入银行。

表 3－1/2

投资协议书

协议条款

主体情况

投资方：（以下简称甲方）三江电子设备厂

注册地址：北京市花园路 905 号

被投方：（以下简称乙方）北京辰新商贸有限责任公司

注册地址：北京市海淀区马神庙 231 号

投资款及支付：

于 2019 年 12 月 1 日投资货币资金 100 000 元。

甲方权利义务

甲方有权了解乙方的经营管理、投资款使用情况，但在行使该权利以不影响乙方正常管理和运作投资款为限。甲方应保证其对投资款有完全的权利进行处理，且投资款投入本合同约定的投资领域并不会导致任何法律纠纷。

甲方应当确保其对乙方的出资以直接持有乙方股权/份额为目的，若存在代持情况的，应当向乙方如实披露。如果投资协议书中对甲方权利有任何其他优先约定的，甲方有权按照协议约定行使相应的权利。

乙方权利义务

乙方在符合有关法律规定的基础上，有权依据本协议约定对投资款进行经营管理，并保障其以诚实信用、谨慎勤勉的原则管理和运用投资款，保障公司和股东权益。乙方承诺将按照协议约定或甲方要求使用投资款。

收益与分配

各方按照其在公司所占的股权比例享有收益和分红的权利，承担债务，分担风险。

甲方：（签章）　北京辰新商贸有限责任公司　　　　乙方：（签章）　三江电子设备厂

法定授权人：马进　　　　法定授权人：姜华

2019 年 12 月 1 日

表 3－2/2

中国工商银行进账单（收账通知） 3

2019 年 12 月 4 日

出票人	全称	三江电子设备厂	收款人	全称	北京辰新商贸有限责任公司
	账号	90147523442325243252		账号	23456798731
	开户银行	工商银行花园路支行		开户银行	工商银行北京市马神庙支行
金额	人民币（大写）	壹拾万元整		千百十万千百十元角分	￥1 0 0 0 0 0 0 0
票据种类	转账支票	票据张数	1		
票据号码	4134234				
		复核	记账		收款人开户银行盖章

工商银行北京市马神庙支行 2019.12.4 业务办讫章（04）

此联是收款人开户银行交给收款人的收账通知

业务 4：2019 年 12 月 7 日，辰新商贸有限公司从恒宇科技有限公司（地址：上海市龙云路 425 号，开户行：工商银行龙云办，账号：594721560，税务登记号：753112DSGFS0549678）购入电子原料一批，增值税专用发票注明买价 28 000 元，税金 4 480 元，共计 32 480 元，材料已验收入库，货款以银行存款支付。

表 4－1/3

234 增值税专用发票 上海 发票联 NO34534636

全国统一发票监制章 国家税务总局监制

校验码：2389 3289 4734 2342 开票日期：2019年12月7日

购买方	名称：北京市辰新商贸有限公司 纳税人识别号：11230316MA7HDQ540L 地址、电话：北京市海淀区马神庙231号 68538042 开户行及账号：工商银行马神庙支行23456798731			密码区	67/*+3*0/611*++0/+0*/*+3+2/9 *11*+66666**066611*+66666* 1**+216***6000*261*2*4/*547 203994+-42*64151*6915361/3*		
货物或应税劳务、服务名称	规格型号	单位	数量	单价	金额	税率	税额
电子原料		批	1	28000.00	28000.00	16%	4480.00
合计					￥28000.00		￥4480.00
价税合计（大写）	人民币叁万贰仟肆佰捌拾元整				（小写）￥32480.00		
销售方	名称：恒宇科技有限公司 纳税人识别号：753112DSGFS0549678 地址、电话：上海市龙云路425号3545436 开户行及账号：工商银行龙云办594721560			备注			

收款人：孙俪 复核： 开票人：孙俪 销售方：（章）

恒宇科技有限公司 46334636 发票专用章

国税函（2014）257号浙江印钞厂

第三联：发票联 购买方记账凭证

表 4－2/3

中国工商银行

转账支票存根

24352525

7984551

出票日期 2019 年 12 月 7 日

收款人：	恒宇科技有限公司
金　额：	￥32 480.00
用　途：	购买电子原料

单位主管　　会计

表 4－3/3

入库单　　No354656887

送货厂商：恒宇科技有限公司

物料类别：☑ 原材料　☐ 成品　☐ 其他　　2019 年 12 月 7 日

品名/牌号	订单号	规格	数量	单位	单价	金额
电子原料	4345345436346		1	批	28000.00	28000.00

第二联交财务部

主管：　　品管：　　仓库：原材料库　　送货人：张民生

业务 5：2019 年 12 月 8 日，采购部张华出差归来报销差旅费 2 560 元，退回现金 440 元。由出纳开出收款收据一张。

表 5－1/2

差旅费报销单

报销部门：　　　　　　　　　　　年　　月　　日　　　　　　　　附件共______张

姓　名		职　别		出差事由						
部门负责人审批		财务部经理审批		总经理审批						
出差起止日期自　　年　　月　　日起至　　年　　月　　日止共　　天										
日期		起讫地点	天数	机票费	车船费	市内交通费	住宿费	出差补助	其他	小计
月	日									
		合　计								
总计金额（大写）　万　仟　佰　拾　元　角　分　预支______元　补助______元										

出纳　　　　　　　　　　　　复核　　　　　　　　　　　　报销人

表 5－2/2

收　款　收　据

入账日期：2019 年12月8 日

今收到：张华

交来：退回差旅费 440 元　　现金收讫

金额（大写）零拾零万零仟肆佰肆拾零元零角零分

￥440.00　　■现金　□支票　□领用卡　□其他　　收款单位（盖章）

第三联财务联

会计 孙娟　　　　出纳 周云　　　　经手人 张华

业务 6：2019 年 12 月 11 日，辰新商贸有限公司销售给大洋公司（地址、电话：北京市经济开发区 25306060，开户行：工商银行河沽分行，账号：018350081895，税务登记号：12011560SF083171）智能手表 1 000 件，每件售价 800 元，计 800 000 元，增值税 128 000 元，共计 928 000 元。以转账支票垫付运费 500 元，产品已发出并向银行办理托收承付手续。

表 6－1/4

中国工商银行

转账支票存根

24352525

3284551

出票日期　2019 年 12 月 11 日

收款人：	顺发运输有限公司
金　额：	￥500.00
用　途：	代垫运费

单位主管　　　会计

表 6－2/4

托收凭证(受理回单)　　1

委托日期：2019 年 12 月 11 日

业务类型	委托收款（□邮划、□电划）				托收承付（□邮划、☑电划）				
付款人	全称	大洋公司			收款人	全称	北京市辰新商贸有限公司		
	账号	018350081895				账号	23456798731		
	地址	省北京市县	开户行	工商银行河沽分行		地址	省北京市县	开户行	工商银行马神庙支行
金额	人民币（大写）	玖拾贰万捌仟伍佰元整				千百十万千百十元角分	￥92850000		
款项内容	货款	托收凭据名称	发票、购销合同		附寄单证张数	2			
商品发运情况	已发货	合同名称号码	T3245						
备注： 复核　记账		款项收妥日期 2019 年 12 月 13 日			收款人开户银行签章 2019 年 12 月 11 日				

中国工商银行 马神庙支行 2019.12.11 收妥抵用（03）

此联作收款人开户银行给收款人的受理回单

表 6－3/4

增值税专用发票　　NO42546457547 56

北京

此联不作报销、扣税凭证使用

开票日期：2019年12月11日

购买方	名　　称：大洋公司 纳税人识别号：12011560SF083171 地址、电话：北京市经济开发区25306060 开户行及账号：工商银行河沽分行018350081895	密码区	67/*+3*0/611*++0/+0*/*+3+2/9 *11*+66666**066611*+66666* 1**+216***6000*261*2*4/*547 203994+-42*64151*6915361/3*

货物或应税劳务、服务名称	规格型号	单位	数量	单价	金额	税率	税额
智能手表		个	1000	800.00	800000.00	16%	128000.00
合　计					¥800000.00		¥128000.00
价税合计（大写）	人民币玖拾贰万捌仟元整				（小写）¥928000.00		

销售方	名　　称：北京市辰新商贸有限公司 纳税人识别号：11230316MA7HDQ540L 地址、电话：北京市海淀区马神庙231号 68538042 开户行及账号：工商银行北京市马神庙支行23456798731	备注	

收款人：丁海　　复核：　　开票人：周云　　销售方：（章）

第一联：记账联　销售方记账凭证

国税函（2014）257号浙江印钞厂

北京市辰新商贸有限公司 144501222367452 发票专用章

表 6－4/4

货物运输业增值税普通发票　　NO42524354325

北京

发票联

开票日期：2019年12月11日

承运人及纳税人识别号	顺发运输有限公司 438718047HFIE7290340	密码区	>/59220556+4/75>+980/>/59220556+4/75 >/59220556+4/75>+980/>/59220556+4/75 >/59220556+4/75>+980/>/59220556+4/75 >/59220556+4/75>+980/>/59220556+4/75
实际受票方及纳税人识别号			
收货人及纳税人识别号	大洋公司 12011560SF083171	发货人及纳税人识别号	北京市辰新商贸有限公司 11230316MA7HDQ540L
起运地、经由、到达地			

费用项目及金额				运输货物信息
	费用项目	金额	是否含税	
	运费	500.00	是	智能手表

合计金额	500.00	税率	6%	税额	28.30	机器编号	12431
价税合计（大写）	人民币伍佰元整				（小写）¥500.00		
车种车号		车船吨位		备注			
主管税务机关及代码	372498						

收款人：李伟　　复核人：　　开票人：李伟　　承运人：（章）

第二联：发票联　受票方付款凭证

国税函（2014）257号浙江印钞厂

顺发运输有限公司 325435436 发票专用章

业务7：2019年12月12日，开出转账支票43 000元，向三江电子设备厂（地址：北京市花园路905号，开户行：工商银行花园路支行，账号：9014752，税务登记号：KIL514812575MJY100）预付购料款。

表7－1/1

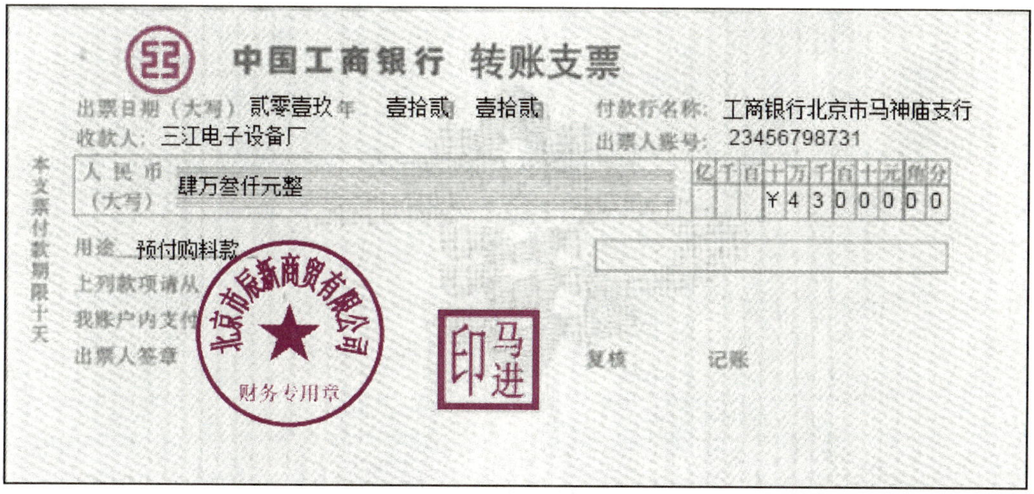
中国工商银行 转账支票

出票日期（大写）贰零壹玖年 壹拾贰 壹拾贰　付款行名称：工商银行北京市马神庙支行

收款人：三江电子设备厂　出票人账号：23456798731

本支票付款期限十天

人民币（大写）	亿	千	百	十	万	千	百	十	元	角	分
肆万叁仟元整				￥	4	3	0	0	0	0	0

用途 预付购料款

上列款项请从

我账户内支付

出票人签章　北京市辰新商贸有限公司 财务专用章　马进印

复核　记账

业务8：2019年12月15日，辰新商贸有限公司将银行存款150 000元划转入证券公司账户准备购买股票。

表8－1/1

中国工商银行 网上银行电子回单

回单号码：43284937402987592357

付款人	户名	北京市辰新商贸有限公司	收款人	户名	北京安信证券海淀区营业部
	账号	23456798731		账号	491734892375
	开户银行	工商银行北京市马神庙支行		开户银行	工商银行北京市中关村支行
金额		人民币壹拾伍万元整			
摘要		存出投资款	业务（产品）种类		
用途		购买股票			
交易流水号		46546546	时间戳		2019年12月15日
		划汇日期：2019年12月15日 汇出行行号：14324324 原凭证种类：0129 原凭证金额：￥150000.00	工商银行马神庙支行 2019.12.15 业务办讫章（04）		
记账网点			记账柜员	记账日期	2019年12月15日

打印日期：2019年12月15日

业务 9：2019 年 12 月 18 日，接银行收账通知，恒宇科技有限公司（地址：上海市龙云路 425 号，开户行：工商银行龙云办，账号：594721560，税务登记号：753031120549678）的商业承兑汇票到期，票面金额为 80 000 元，期限是 3 个月，年利率为 4%，票面金额及利息已经转入本公司账户。

表 9－1/2

应收票据利息计算表

票据种类	对方单位	票面金额	年利率	期限	利息	备注
商业承兑汇票	恒宇科技有限公司	80 000.00	4%	3个月	800.00	

表 9－2/2

54467

委托收款凭证（收账通知）　　4　第 3 号

委托日期 2019 年 12 月 18 日　　委托号码：43663

付款期限 2019 年 12 月 18 日

付款人	全称	恒宇科技有限公司	收款人	全称	北京市辰新商贸有限公司
	账号或地址	594721560		账号	23456798731
	开户银行	工商银行龙云办		开户银行	工商银行北京市马神庙支行　行号 53453
委收金额	人民币（大写）	捌万零捌佰元整		千百十万千百十元角分	¥ 8 0 8 0 0 0 0
款项内容	商业承兑汇票到期收款	委托收款凭据名称	商业承兑汇票	附寄单证张数	2

备注

上列款项
1. 已全部或回收入你方账户
2. 全部未收到

工商银行马神庙支行
2019.12.18
业务办讫章（04）

收款人开户银行盖章
2019 年 12 月 18 日

单位主管　　会计　　复核　　记账　　付款人开户银行收到日期 2019 年 12 月 18 日　　支付日期 2019 年 12 月 18 日

此联付款人开户银行在款项收妥后给收款人的收账通知

业务 10：2019 年 12 月 19 日，向银行申请办理银行汇票 150 000 元，准备到四川星星公司（地址：成都市佳酿路 15 号，开户行：工商银行佳酿路支行，账号：21588766，税务登记号：MF1497520014）办理采购设备。

表 10－1/2

中国工商银行银行汇票申请书（借方凭证）2

申请日期 2019 年 12 月 19 日　　第 2 号

收款人	四川星星公司	汇款人	北京市辰新商贸有限公司
账号或地址	21588766 成都市佳酿路15号	账号或地址	23456798731 北京市海淀区马神庙231号 68538042
兑付地点	成都市佳酿路36号	兑付行	成都市佳酿路支行
汇款金额	人民币（大写）壹拾伍万元整	千百十万千百十元角分	¥ 1 5 0 0 0 0 0 0

上列款项请从我账户内支付

申请人盖章

北京市辰新商贸有限公司
财务专用章

科目

对方科目

转账日期

复核　　记账

此联由汇款人留存作记账传票

表 10－2/2

付款期限 壹个月

中国工商银行

银行汇票

（解讫通知） 3 地名 BA 01 00000000

出票日期（大写） 贰零壹玖 年 壹拾贰 月 壹拾玖 日　　代理付款银行：　　行号：

收款人：		账号：									
出票金额	人民币（大写）										
实际结算金额	人民币（大写）	千	百	十	万	千	百	十	元	角	分

申请人：

出票行：　　行号：

备注：

代理付款行签章

复核　　经办

账号：

密押：									
多余金额									
千	百	十	万	千	百	十	元	角	分

复核　　记账

由出票行作多余款贷方凭证

此联代理付款行兑付后随报单寄出票行

业务 11：2019 年 12 月 20 日，建造简易仓库，工程预算总造价 100 000 元，本日开工预付施工单位合同规定款的 50%，预计 15 天完工。

表 11－1/2

中国工商银行

转账支票存根

24352525

7987251

出票日期　2019 年 12 月 20 日

收款人：	林木建筑公司
金　额：	￥50000.00
用　途：	预付施工款

单位主管　　会计

表 11－2/2

收款收据

No787934534

2019 年 12 月 20 日

今收到 北京辰新商贸有限责任公司

预付工程款人民币伍万元整

金额（大写） 零 佰 零 拾 伍 万 零 仟 零 佰 零 拾 零 元 零 角 零 分

￥：50000.00

（单位盖章） 林木建筑公司

核准　　会计　　记账　　出纳 钟鸣　　经手人 李明

存根（白）　客户（紫）

业务 12：2019 年 12 月 21 日，采购员持银行汇票赴四川采购设备生产线，共计价款 95 000 元，增值税 15 200 元，四川星星公司（地址：成都市佳酿路 15 号，开户行：工商银行佳酿路支行，账号：21588766，税务登记号：MF1497520014）代办托运费用 2 200 元，多余款退回存入银行。

表 12－1/3

增值税专用发票　N046546363

四川

发票联

全国统一发票监制章 国家税务总局监制

开票日期：2019年12月21日

购买方	名　称：北京市辰新商贸有限公司 纳税人识别号：11230316MA7HDQ540L 地址、电话：北京市海淀区马神庙231号 68538042 开户行及账号：工商银行北京市马神庙支行23456798731			密码区	67/*+3*0/611*++0/+0*/*+3+2/9 *11*+66666**066611*+66666* 1**+216***6000*261*2*4/*547 203994+-42*64151*6915361/3*		
货物或应税劳务、服务名称	规格型号	单位	数量	单价	金额	税率	税额
设备生产线		条	1	95000.00	95000.00	16%	15200.00
合　计					￥95000.00		￥15200.00
价税合计（大写）	人民币壹拾壹万零贰佰元整				（小写）￥110200.00		
销售方	名　称：四川星星公司 纳税人识别号：MF1497520014 地址、电话：成都市佳酿路15号41438934 开户行及账号：工商银行佳酿路支行21588766			备注	四川星星公司 325425242564 发票专用章		

收款人：　复核：　开票人：李园园　销售方：（章）

第三联：发票联　购买方记账凭证

国税函（2014）257号浙江印钞厂

表 12－2/3

货物运输业增值税专用发票 No25435346546

开票日期:2019年12月21日

国税函（2014）257号东江印钞厂

承运人及纳税人识别号	四川中通运输有限责任公司 4324316MA7HDQ940L	密码区	>/59220556+4/75>+980/>/59220556+4/75 >/59220556+4/75>+980/>/59220556+4/75 >/59220556+4/75>+980/>/59220556+4/75 >/59220556+4/75>+980/>/59220556+4/75		
实际受票方及纳税人识别号	四川中通运输有限责任公司 4324316MA7HDQ940L				
收货人及纳税人识别号	北京市辰新商贸有限公司 11230316MA7HDQ540L	发货人及纳税人识别号	四川星星公司 MF1497520014		
起运地、经由、到达地	四川成都市、北京市				
费用项目及金额	费用项目：运费	金额：2000	是否含税：否	运输货物信息	机器设备
合计金额	¥2000,.00	税率	10%	税额	200.00
机器编号	3143214				
价税合计（大写）	人民币贰仟贰佰元整	（小写）¥2200.00			
车种车号	235435	车船吨位	10吨	备注	
主管税务机关及代码	41352351251				

收款人： 复核人： 开票人：张林 承运人：（章）

第二联 抵扣联 受票方扣税凭证

表 12－3/3

付款期限 壹个月

中国工商银行
银行汇票（多余款收账通知） 4 汇票号码 4134352

出票日期（大写） 贰零壹玖 年 壹拾贰 月 壹拾贰 日

代理付款行：工商银行佳酿路支行 行号：354352452

收款人：四川星星公司		账号：21588766	
出票金额	人民币（大写） 壹拾伍万元整		
实际结算金额	人民币（大写） 壹拾壹万零贰佰元整	千 百 十 万 千 百 十 元 角 分	¥ 1 5 0 0 0 0 0 0

申请人：北京市辰新商贸有限公司 账号：23456798731

出票行：工商银行[illegible] 行号：[illegible]2534543

备注：

凭票付款

出票行签章

密押：36357676

多余金额									
千	百	十	万	千	百	十	元	角	分
		¥	3	9	8	0	0	0	0

此联出票行结清多余款后交申请人

业务 13：2019 年 12 月 22 日，辰新商贸有限公司购入办公用文件柜 5 个，每个 464 元（含税单价），共计 2 320 元，取得普通发票，开出转账支票一张。

表 13－1/2

中国工商银行

转账支票存根

24352525

7987455

出票日期　2019 年12月22 日

收款人:	五星办公品批发公司
金　额:	￥2320.00
用　途:	购入办公用文件柜

单位主管　　　　会计

表 13－2/2

6534656　　增值税普通发票　NO534656897

北京　　6747487

（全国统一发票监制章　国家税务总局监制）

校验码：312459 42390 8907 54654

开票日期：2019年12月22日

购买方	名　　称：北京辰新商贸有限责任公司 纳税人识别号：11230316MA7HDQ540L 地 址 、电 话：北京市海淀区马神庙231号 68538042 开户行及账号：工商银行北京市马神庙支行 23456798731	密码区	67/*+3*0/611*++0/+0*/*+3+2/9 *11*+66666**066611*+66666* 1**+216***6000*261*2*4/*547 203994+-42*64151*6915361/3*

货物或应税劳务、服务名称	规格型号	单位	数量	单价	金额	税率	税额
办公用文件柜		个	5	400	2000	16%	320
合　　计					￥2000.00		￥320.00
价税合计（大写）	人民币贰仟叁佰贰拾元整				（小写）	￥2320.00	

销售方	名　　称：五星办公品批发公司 纳税人识别号：1129083316MA7HDQ540L 地 址 、电 话：北京市四道口金五星批发市场11号78234182 开户行及账号：工商银行四道口支行 234567986567	备注	（五星办公品批发公司 4235454624 发票专用章）

收款人：　　　复核：　　　开票人：张苗苗　　　销售方：（章）

国税函（2014）257号…印制厂

第二联：发票联　购买方记账凭证

业务 14：2019 年 12 月 23 日，现金支付业务招待费 450 元。

表 14 - 1/1

浙江省地方税务通用机打发票

全国统一发票监制章 浙江省

发票联

发票代码： 4235252

发票号码： 23425246526

[redacted]

密　　码：

客户名称： 北京辰新商贸有限责任公司

发票号： 3526462626246

机器编号： 23425

收款单位： 一颗印餐饮公司

税号： 236357658679789

开票日期： 2019年12月23日

收款员：

项目	单价	数量	金额
餐费			450.00

手写无效

现金： ¥450.00

合计（小写）： ¥450.00

合计（大写）： 人民币肆佰伍拾元整

校验码：

25469HJ987789HM7897

一颗印餐饮公司

（收款单位盖章）

地税印 110123x2011.8x1000000份x1联

某某印有限公司承印

业务 15：2019 年 12 月 24 日，开出转账支票一张支付下一年的报刊费用 1 200 元。

表 15 - 1/2

中国工商银行

转账支票存根

24352525

79874235

出票日期　2019 年 12 月 24 日

收款人：	北京市马神庙邮政局
金　额：	¥1200.00
用　途：	报刊订阅费用

单位主管　　　会计

表 15－2/2

收款收据 No25426356

2019 年 12 月 24 日

今收到	北京辰新商贸有限责任公司
	支付2010年报刊订阅费人民币壹仟贰佰元整
金额（大写）	零佰 零拾 零万 壹仟 贰佰 零拾 零元 零角 零分
¥：1200.00	（单位盖章）

核准　　会计　　记账　　出纳 王丽丽　　经手人 王源

存根（白） 客户（紫）

（印章：北京市马神庙邮政局）

业务 16：2019 年 12 月 25 日，以转账支票支付前委托嘉禾加工厂（地址：北京市小西天路 95 号，开户行：工商银行小西天路支行，账号：435594353476766，税务登记号：G148F1490487264H）加工包装箱的加工费 2 000 元，增值税 320 元，加工完成包装箱 30 个，如数验收入库。

表 16－1/3

343　　增值税专用发票　北京　　N03534645365　　45234546 56767

（印章：全国统一发票监制章 国家税务总局监制）

校验码：4782 3895 9384 2749　　开票日期：2019年12月25日

购买方	名　　称：北京市辰新商贸有限公司 纳税人识别号：11230316MA7HDQ540L 地址、电话：北京市海淀区马神庙231号 68538042 开户行及账号：工商银行北京市马神庙支行23456798731	密码区：67/*+3*0/611*++0/+0*/*+3+2/9 *11*+66666**066611*+66666* 1**+216***6000*261*2*4/*547 203994+-42*64151*6915361/3*

货物或应税劳务、服务名称	规格型号	单位	数量	单价	金额	税率	税额
加工费			1	2000.00	2000.00	16%	320.00
合　计					¥ 2000.00		¥ 320.00
价税合计（大写）	人民币贰仟叁佰贰拾元整				（小写）¥ 2320.00		

销售方	名　　称：嘉禾加工厂 纳税人识别号：G148F1490487264H 地址、电话：北京市小西天路95号4235435 开户行及账号：工商银行小西天路支行435594353476766	备注

收款人：　　复核：　　开票人：钱达　　销售方：（章）

（印章：嘉禾加工厂 43536536356 发票专用章）

第三联：发票联　购买方记账凭证

国税函〔2014〕257号浙江印钞厂

表 16－2/3

中国工商银行

转账支票存根

24352525

7989051

出票日期 2019 年 12 月 25 日

收款人：	嘉禾加工厂
金 额：	￥2320.00
用 途：	支付委托加工费

单位主管 会计

表 16－3/3

收 料 单

发票号码： 5365　　2019 年 12 月 25 日　　编号：435363463

供应单位： 嘉禾加工厂　　收料仓库：低值易耗品库

材料类别： 委托加工物资

材料/编号	物料名称	规格型号	单位	数量		实际成本				
				应收	实收	买价		运杂费	其他	合计
						单价	金额			
0401	包装箱		个	30	30					
合计					30					

第三联 记账

采购员： 检验员： 记账员： 保管员：白合

业务 17：2019 年 12 月 26 日，以转账支票支付广告费 2 400 元。

表 17－1/2

中国工商银行

转账支票存根

24352525

7987326

出票日期　2019 年12月26 日

收款人：	鼎力广告打印公司
金　额：	￥2400.00
用　途：	广告打印费用

单位主管　　　　会计

表 17－2/2

收款收据　　　　No22425436564

2019 年12月26日

今收到　北京辰新商贸有限责任公司

支付广告费人民币贰仟肆佰元整

金额（大写）　零佰　零拾　零万　贰仟　肆佰　零拾　零元　零角　零分

￥：2400.00　　　　（单位盖章）

鼎力广告打印公司

核准　　　会计　张华　　　记账　　　出纳　王玲　　　经手人　李明

存根（白）

存根（白）

业务 18：2019 年 12 月 27 日，职工杨威因违规操作罚款现金 500 元。

表 18－1/1

收 款 收 据

入账日期：2019 年12月27日

今收到：杨威

交来：违规操作罚款　　现金收讫

金额（大写）零拾零万零仟伍佰零拾零元零角零分

¥500.00　　■现金　□支票　□领用卡　□其他　　收款单位（盖章）

第三联　财务联

会计 孙娟　　出纳 周云　　经手人 杨威

业务 19：2019 年 12 月 29 日，根据合同规定，预收客户张明购货款 5 000 元存入银行。

表 19－1/1

收款收据　　No13891847

2019 年 12 月 29 日

今收到 客户张明预付货款人民币5000元整

金额(大写)　零佰　零拾　零万伍仟　零佰　零拾　零元　零

¥:5000.00　　(单位盖章)　　北京市辰新商贸有限公司 财务专用章

存根(白)　存根(白)

核准　　会计 孙娟　　记账　　出纳 周云　　经手人

业务 20：2019 年 12 月 30 日，用库存现金支付生活困难职工补助 600 元。

表 20－1/1

困难职工补助发放表

姓名	金额	签字
李秀	300.00	李秀
林林	300.00	林林

实训五

会计凭证的装订与保管

一、实训目的

会计凭证，是会计工作中形成的、专门用于记载经济业务事项发生和完成，并作为登记账簿依据的重要历史资料，是会计档案的重要组成部分，也是查验会计工作中是否存在营私舞弊行为的重要证据，因此按照《中华人民共和国会计法》及《会计基础工作规范》的规定，企业必须建立会计档案，妥善保管。在此，通过实训，使学生熟练掌握会计凭证的归档整理和正确的装订方法，并熟悉会计凭证保管的相关要求。

二、技能要求

（一）总体要求

1. 会计凭证的定期整理、归档和装订。
2. 会计凭证的科学保管及要求。

（二）具体操作要求

1. 会计凭证的定期归档整理。会计凭证的定期归档整理，是装订会计凭证前的必备工作，是形成会计档案的必然要求，也是装订规范、美观大方会计凭证的重要保证。

实际工作中，会计人员在将相关的会计凭证登记账簿后：

第一，应于月末对相关的会计凭证（如原始凭证、记账凭证、科目汇总表、银行对账单等。）进行分类整理，并按相应的工作要求进行粘贴、折叠和排序，并检查凭证的日期、编号、项目等内容是否齐全。

第二，将记账凭证按凭证编号由小号到大号进行排列（因实训材料有限，为方便教学，此实训内容以“收、付、转”凭证顺序编号为例，不强调“收、付、转”凭证分别编号），在装订前要先设计好装订册数及每册的厚度。一般厚度标准以 1.5 ~2.0 厘米为宜。

第三，摘除会计凭证内的金属物（如订书钉、大头针、回形针），整理凭证至齐整。

第四，检查记账凭证顺序号，如有颠倒要重新排列，发现缺号要查明原因；再检查附件有否漏缺，领料单、入库单、工资、奖金发放单等附件是否齐全。

第五，检查记账凭证上有关人员（如财务主管、复核、记账、制单等）的印章是否齐全。

2. 会计凭证的装订方法 （本实训以“订角法——三针引一线法”为例）。

步骤一：装订会计凭证前，要以会计凭证的左上侧为准，放齐，准备好锥子、装订机或小电钻，还有线绳、铁夹、胶水、凭证封皮、包角纸等。

步骤二：将整理好的会计凭证，外加封面、封底（抽出凭证登记表），整理齐整（注：封面应使用两张，一张为包角用纸，一张为记账凭证标签）。

步骤三：在凭证的左上角画一边长为 5 厘米的等腰三角形，用夹子夹住，用装订机（或锥子）在会计凭证左上角部位打上三个针眼。

步骤四：用大针引线绳穿过三个眼儿，实现三眼一线后，在凭证的背面打结（活结），线绳最好把凭证两端也系上并放在凭证封皮的里面，装订时尽可能缩小所占部位，使记账凭证及其附件保持尽可能大的显露面，以便于事后查阅。

步骤五：将护角向左上侧面折，并将一侧剪开至凭证左上角，然后抹上胶水。

步骤六：向上折叠，将侧面和背面的线绳扣粘死。

步骤七：待晾干后，在每本封面上填写好凭证种类、起止号码、凭证张数、会计主管人员和装订人员签章。

步骤八：在封面上编好卷号，按编号顺序入柜，并要在显露处标明凭证种类编号，以便于调阅。

会计凭证装订方法——图解

（1）把会计凭证叠放整齐，加具封皮、封面、封底向左上角磕齐，并用铁夹夹紧。

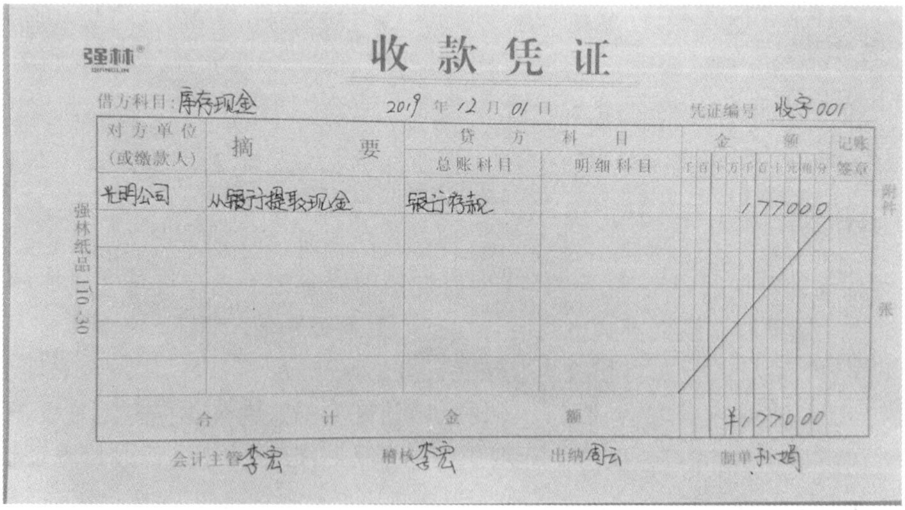

强林®

收款凭证

借方科目：库存现金　　2019 年 12 月 01 日　　凭证编号 收字001

对方单位（或缴款人）	摘要	贷方科目 总账科目	明细科目	金额	记账签章
光明公司	从银行提取现金	银行存款		177000	
合计金额				￥177000	

会计主管 李宏　稽核 李宏　出纳 周云　制单 孙娟

强林纸品 110-30　附件　张

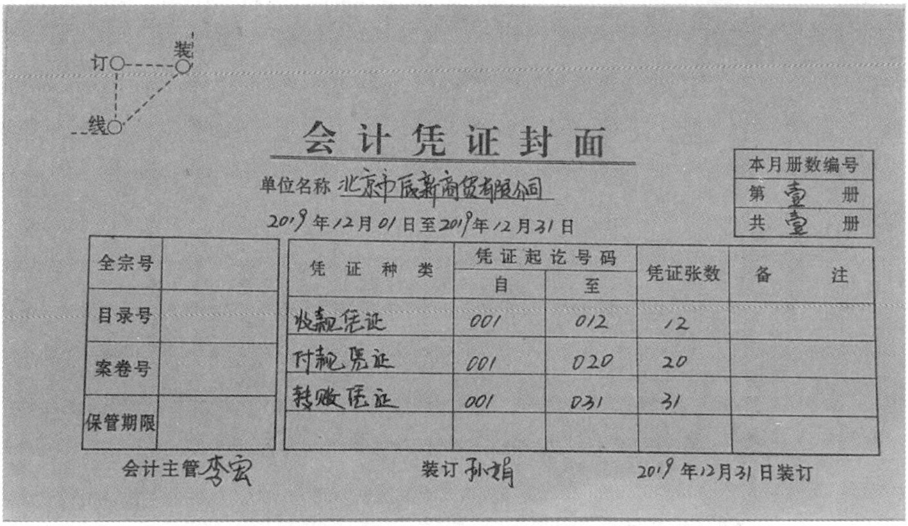

装订线

会计凭证封面

单位名称 北京市辰新商贸有限公司

2019年12月01日至2019年12月31日

本月册数编号
第 壹 册
共 壹 册

		凭证种类	凭证起讫号码 自	凭证起讫号码 至	凭证张数	备注
全宗号		收款凭证	001	012	12	
目录号		付款凭证	001	020	20	
案卷号		转账凭证	001	031	31	
保管期限						

会计主管 李宏　　装订 孙娟　　2019年12月31日装订

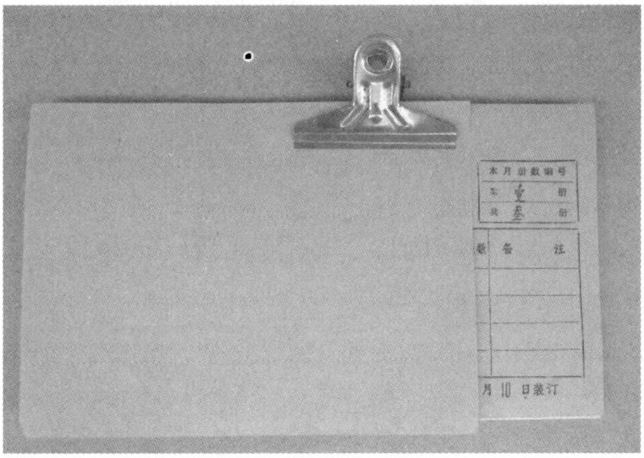

（2）在会计凭证的左上角打三个孔。

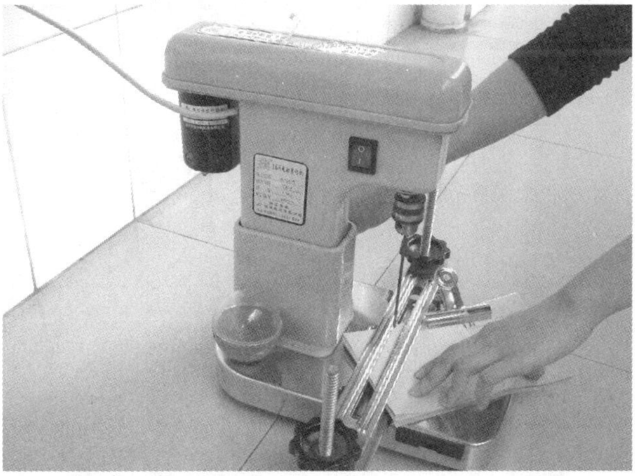

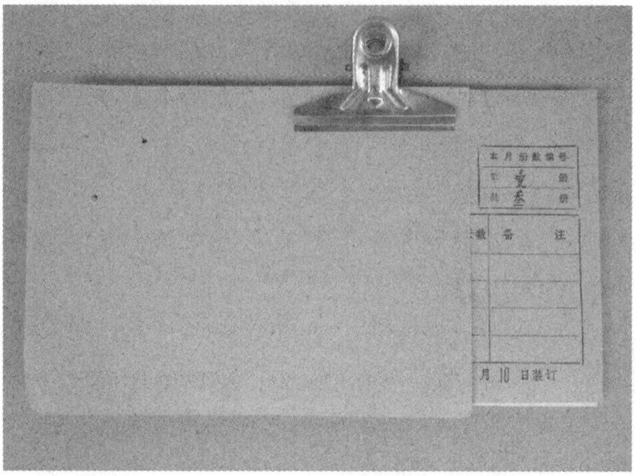

（3）用线订好，将结打在会计凭证背面（封底），封皮。

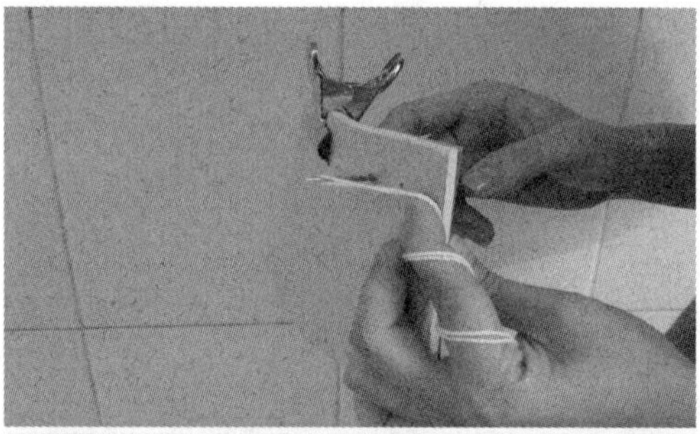

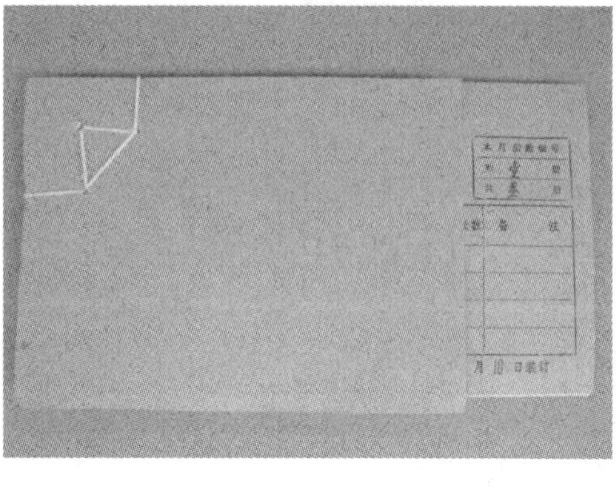

（4）将封皮翻折向后粘好，封住装订线。

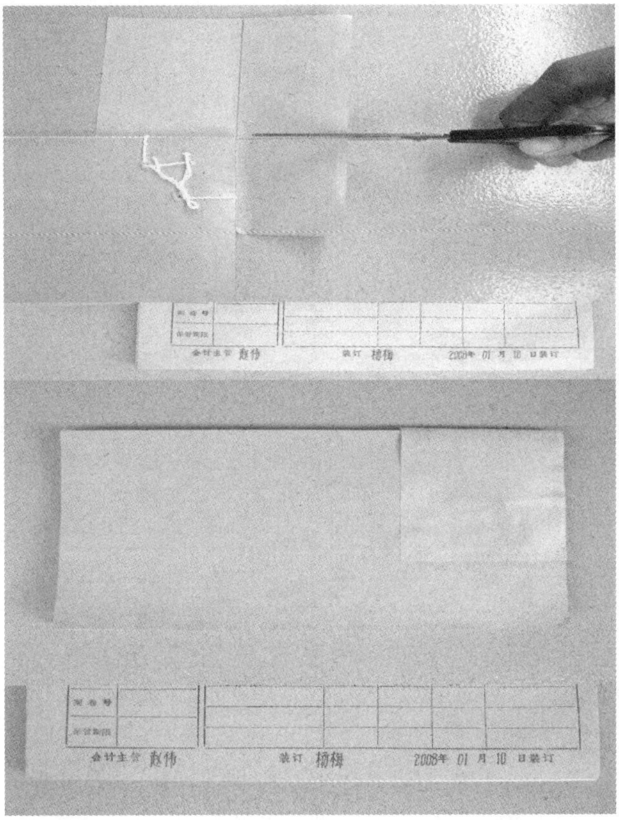

3. 会计凭证的归档保管。

（1）会计凭证的保管、借阅与复制。经过整理、装订成册的会计凭证，应指定专人保管。一般情况下，当年的会计凭证，在会计年度终了后，可暂由本单位会计部门保管一年。保管期满，原则上应由会计部门移交档案部门管理。原始凭证不得外借，其他单位如有特殊原因确实需要使用时，经本单位会计机构负责人、会计主管批准，可以复制。向外单位提供的原始凭证复制件，应当在专设的登记簿上登记，并由提供人员和收取人员共同签名或盖章。

（2）按规定期限保存、销毁凭证。会计凭证的保管期限和销毁手续，必须严格执行会计法规和财经纪律，期满前不得任意销毁。保管期满，需要销毁的会计凭证，由单位档案部门提出销毁意见，会同财务部门共同鉴定，严格审查，编造会计档案销毁清册，履行审批手续，由有关人员监督销毁。

附：企业和其他组织会计档案保管期限表

序号	档案名称	保管期限	备注
一	会计凭证		
1	原始凭证	30 年	
2	记账凭证	30 年	
二	会计账簿		
3	总账	30 年	
4	明细账	30 年	
5	日记账	30 年	
6	固定资产卡片		固定资产报废清理后保管 5 年
7	其他辅助性账簿	30 年	
三	财务会计报告		
8	月度、季度、半年度财务报告	10 年	
9	年度财务报告	永久	
四	其他会计资料		
10	银行存款余额调节表	10 年	
11	银行对账单	10 年	
12	纳税申报表	10 年	
13	会计档案移交清册	30 年	
14	会计档案保管清册	永久	
15	会计档案销毁清册	永久	
16	会计档案鉴定意见书	永久	

三、实训资料

根据实训三编制的记账凭证及其所附原始凭证进行会计凭证的装订。

附件一　空白凭证

收　款　凭　证

年　　月　　日　　　　　　　　______号

摘要	科目		✓	借方余额									贷方余额								
	总账科目	明细科目		百	十	万	千	百	十	元	角	分	百	十	万	千	百	十	元	角	分
合计																					

（附件　张）

会计主管　　　记账　　　出纳　　　稽核　　　填制

收　款　凭　证

年　　月　　日　　　　　　　　______号

摘要	科目		✓	借方余额									贷方余额								
	总账科目	明细科目		百	十	万	千	百	十	元	角	分	百	十	万	千	百	十	元	角	分
合计																					

（附件　张）

会计主管　　　记账　　　出纳　　　稽核　　　填制

收　款　凭　证

年　　月　　日　　　　　　　　______号

摘要	科目		✓	借方余额									贷方余额								
	总账科目	明细科目		百	十	万	千	百	十	元	角	分	百	十	万	千	百	十	元	角	分
合计																					

（附件　张）

会计主管　　　记账　　　出纳　　　稽核　　　填制

收　款　凭　证

年　　月　　日　　　　　　　　　　＿＿＿＿号

摘要	科目		√	借方余额									贷方余额								
	总账科目	明细科目		百	十	万	千	百	十	元	角	分	百	十	万	千	百	十	元	角	分
合计																					

（附件　　张）

会计主管　　　　记账　　　　出纳　　　　稽核　　　　填制

收　款　凭　证

年　　月　　日　　　　　　　　　　＿＿＿＿号

摘要	科目		√	借方余额									贷方余额								
	总账科目	明细科目		百	十	万	千	百	十	元	角	分	百	十	万	千	百	十	元	角	分
合计																					

（附件　　张）

会计主管　　　　记账　　　　出纳　　　　稽核　　　　填制

收　款　凭　证

年　　月　　日　　　　　　　　　　＿＿＿＿号

摘要	科目		√	借方余额									贷方余额								
	总账科目	明细科目		百	十	万	千	百	十	元	角	分	百	十	万	千	百	十	元	角	分
合计																					

（附件　　张）

会计主管　　　　记账　　　　出纳　　　　稽核　　　　填制

收 款 凭 证

年 月 日 ________号

摘要	科目		✓	借方余额									贷方余额								
	总账科目	明细科目		百	十	万	千	百	十	元	角	分	百	十	万	千	百	十	元	角	分
合计																					

（附件 张）

会计主管 记账 出纳 稽核 填制

收 款 凭 证

年 月 日 ________号

摘要	科目		✓	借方余额									贷方余额								
	总账科目	明细科目		百	十	万	千	百	十	元	角	分	百	十	万	千	百	十	元	角	分
合计																					

（附件 张）

会计主管 记账 出纳 稽核 填制

收 款 凭 证

年 月 日 ________号

摘要	科目		✓	借方余额									贷方余额								
	总账科目	明细科目		百	十	万	千	百	十	元	角	分	百	十	万	千	百	十	元	角	分
合计																					

（附件 张）

会计主管 记账 出纳 稽核 填制

收 款 凭 证

年 月 日　　　　　　　　　　　　　　　　______号

摘要	科目		√	借方余额									贷方余额								
	总账科目	明细科目		百	十	万	千	百	十	元	角	分	百	十	万	千	百	十	元	角	分
合计																					

（附件　　张）

会计主管　　　记账　　　出纳　　　稽核　　　填制

收 款 凭 证

年 月 日　　　　　　　　　　　　　　　　______号

摘要	科目		√	借方余额									贷方余额								
	总账科目	明细科目		百	十	万	千	百	十	元	角	分	百	十	万	千	百	十	元	角	分
合计																					

（附件　　张）

会计主管　　　记账　　　出纳　　　稽核　　　填制

收 款 凭 证

年 月 日　　　　　　　　　　　　　　　　______号

摘要	科目		√	借方余额									贷方余额								
	总账科目	明细科目		百	十	万	千	百	十	元	角	分	百	十	万	千	百	十	元	角	分
合计																					

（附件　　张）

会计主管　　　记账　　　出纳　　　稽核　　　填制

收款凭证

年 月 日 ________号

摘要	科目		√	借方余额									贷方余额								
	总账科目	明细科目		百	十	万	千	百	十	元	角	分	百	十	万	千	百	十	元	角	分
合计																					

（附件 张）

会计主管　　记账　　出纳　　稽核　　填制

收款凭证

年 月 日 ________号

摘要	科目		√	借方余额									贷方余额								
	总账科目	明细科目		百	十	万	千	百	十	元	角	分	百	十	万	千	百	十	元	角	分
合计																					

（附件 张）

会计主管　　记账　　出纳　　稽核　　填制

收款凭证

年 月 日 ________号

摘要	科目		√	借方余额									贷方余额								
	总账科目	明细科目		百	十	万	千	百	十	元	角	分	百	十	万	千	百	十	元	角	分
合计																					

（附件 张）

会计主管　　记账　　出纳　　稽核　　填制

收款凭证

年　月　日　＿＿＿＿号

摘要	科目		✓	借方余额									贷方余额								
	总账科目	明细科目		百	十	万	千	百	十	元	角	分	百	十	万	千	百	十	元	角	分
合计																					

（附件　张）

会计主管　记账　出纳　稽核　填制

收款凭证

年　月　日　＿＿＿＿号

摘要	科目		✓	借方余额									贷方余额								
	总账科目	明细科目		百	十	万	千	百	十	元	角	分	百	十	万	千	百	十	元	角	分
合计																					

（附件　张）

会计主管　记账　出纳　稽核　填制

收款凭证

年　月　日　＿＿＿＿号

摘要	科目		✓	借方余额									贷方余额								
	总账科目	明细科目		百	十	万	千	百	十	元	角	分	百	十	万	千	百	十	元	角	分
合计																					

（附件　张）

会计主管　记账　出纳　稽核　填制

付款凭证

年　月　日　　　　________号

摘要	科目			借方余额									贷方余额								
	总账科目	明细科目	√	百	十	万	千	百	十	元	角	分	百	十	万	千	百	十	元	角	分
合计																					

（附件　　张）

会计主管　　记账　　出纳　　稽核　　填制

付款凭证

年　月　日　　　　________号

摘要	科目			借方余额									贷方余额								
	总账科目	明细科目	√	百	十	万	千	百	十	元	角	分	百	十	万	千	百	十	元	角	分
合计																					

（附件　　张）

会计主管　　记账　　出纳　　稽核　　填制

付款凭证

年　月　日　　　　________号

摘要	科目			借方余额									贷方余额								
	总账科目	明细科目	√	百	十	万	千	百	十	元	角	分	百	十	万	千	百	十	元	角	分
合计																					

（附件　　张）

会计主管　　记账　　出纳　　稽核　　填制

付　款　凭　证

年　　月　　日　　　　　　　　　　　　　　　＿＿＿＿号

摘要	科目		√	借方余额									贷方余额								
	总账科目	明细科目		百	十	万	千	百	十	元	角	分	百	十	万	千	百	十	元	角	分
合计																					

（附件　　张）

会计主管　　　　记账　　　　出纳　　　　稽核　　　　填制

付　款　凭　证

年　　月　　日　　　　　　　　　　　　　　　＿＿＿＿号

摘要	科目		√	借方余额									贷方余额								
	总账科目	明细科目		百	十	万	千	百	十	元	角	分	百	十	万	千	百	十	元	角	分
合计																					

（附件　　张）

会计主管　　　　记账　　　　出纳　　　　稽核　　　　填制

付　款　凭　证

年　　月　　日　　　　　　　　　　　　　　　＿＿＿＿号

摘要	科目		√	借方余额									贷方余额								
	总账科目	明细科目		百	十	万	千	百	十	元	角	分	百	十	万	千	百	十	元	角	分
合计																					

（附件　　张）

会计主管　　　　记账　　　　出纳　　　　稽核　　　　填制

付 款 凭 证

年　　月　　日　　　　　　　　　　　　＿＿＿＿号

摘要	科目		✓	借方余额									贷方余额								
	总账科目	明细科目		百	十	万	千	百	十	元	角	分	百	十	万	千	百	十	元	角	分
合计																					

（附件　　张）

会计主管　　　　记账　　　　出纳　　　　稽核　　　　填制

付 款 凭 证

年　　月　　日　　　　　　　　　　　　＿＿＿＿号

摘要	科目		✓	借方余额									贷方余额								
	总账科目	明细科目		百	十	万	千	百	十	元	角	分	百	十	万	千	百	十	元	角	分
合计																					

（附件　　张）

会计主管　　　　记账　　　　出纳　　　　稽核　　　　填制

付 款 凭 证

年　　月　　日　　　　　　　　　　　　＿＿＿＿号

摘要	科目		✓	借方余额									贷方余额								
	总账科目	明细科目		百	十	万	千	百	十	元	角	分	百	十	万	千	百	十	元	角	分
合计																					

（附件　　张）

会计主管　　　　记账　　　　出纳　　　　稽核　　　　填制

付 款 凭 证

年 月 日 ______号

摘要	科目		✓	借方余额									贷方余额								
	总账科目	明细科目		百	十	万	千	百	十	元	角	分	百	十	万	千	百	十	元	角	分
合计																					

（附件 张）

会计主管 记账 出纳 稽核 填制

付 款 凭 证

年 月 日 ______号

摘要	科目		✓	借方余额									贷方余额								
	总账科目	明细科目		百	十	万	千	百	十	元	角	分	百	十	万	千	百	十	元	角	分
合计																					

（附件 张）

会计主管 记账 出纳 稽核 填制

付 款 凭 证

年 月 日 ______号

摘要	科目		✓	借方余额									贷方余额								
	总账科目	明细科目		百	十	万	千	百	十	元	角	分	百	十	万	千	百	十	元	角	分
合计																					

（附件 张）

会计主管 记账 出纳 稽核 填制

付 款 凭 证

年 月 日 ________号

摘要	科目		✓	借方余额									贷方余额								
	总账科目	明细科目		百	十	万	千	百	十	元	角	分	百	十	万	千	百	十	元	角	分
合计																					

（附件 张）

会计主管 记账 出纳 稽核 填制

付 款 凭 证

年 月 日 ________号

摘要	科目		✓	借方余额									贷方余额								
	总账科目	明细科目		百	十	万	千	百	十	元	角	分	百	十	万	千	百	十	元	角	分
合计																					

（附件 张）

会计主管 记账 出纳 稽核 填制

付 款 凭 证

年 月 日 ________号

摘要	科目		✓	借方余额									贷方余额								
	总账科目	明细科目		百	十	万	千	百	十	元	角	分	百	十	万	千	百	十	元	角	分
合计																					

（附件 张）

会计主管 记账 出纳 稽核 填制

付款凭证

年　　月　　日　　　　　　　　______号

摘要	科目		✓	借方余额									贷方余额								
	总账科目	明细科目		百	十	万	千	百	十	元	角	分	百	十	万	千	百	十	元	角	分
合计																					

（附件　　张）

会计主管　　　　记账　　　　出纳　　　　稽核　　　　填制

付款凭证

年　　月　　日　　　　　　　　______号

摘要	科目		✓	借方余额									贷方余额								
	总账科目	明细科目		百	十	万	千	百	十	元	角	分	百	十	万	千	百	十	元	角	分
合计																					

（附件　　张）

会计主管　　　　记账　　　　出纳　　　　稽核　　　　填制

付款凭证

年　　月　　日　　　　　　　　______号

摘要	科目		✓	借方余额									贷方余额								
	总账科目	明细科目		百	十	万	千	百	十	元	角	分	百	十	万	千	百	十	元	角	分
合计																					

（附件　　张）

会计主管　　　　记账　　　　出纳　　　　稽核　　　　填制

转 账 凭 证

年　月　日　　　　　　　　＿＿＿＿号

摘要	科目		√	借方余额									贷方余额								
	总账科目	明细科目		百	十	万	千	百	十	元	角	分	百	十	万	千	百	十	元	角	分
合计																					

（附件　张）

会计主管　　记账　　出纳　　稽核　　填制

转 账 凭 证

年　月　日　　　　　　　　＿＿＿＿号

摘要	科目		√	借方余额									贷方余额								
	总账科目	明细科目		百	十	万	千	百	十	元	角	分	百	十	万	千	百	十	元	角	分
合计																					

（附件　张）

会计主管　　记账　　出纳　　稽核　　填制

转 账 凭 证

年　月　日　　　　　　　　＿＿＿＿号

摘要	科目		√	借方余额									贷方余额								
	总账科目	明细科目		百	十	万	千	百	十	元	角	分	百	十	万	千	百	十	元	角	分
合计																					

（附件　张）

会计主管　　记账　　出纳　　稽核　　填制

转 账 凭 证

年　　月　　日　　　　　　　　　　　　　　　　　　　　　　　　　＿＿＿＿号

摘要	科目		✓	借方余额									贷方余额								
	总账科目	明细科目		百	十	万	千	百	十	元	角	分	百	十	万	千	百	十	元	角	分
合计																					

（附件　　张）

会计主管　　　　记账　　　　出纳　　　　稽核　　　　填制

转 账 凭 证

年　　月　　日　　　　　　　　　　　　　　　　　　　　　　　　　＿＿＿＿号

摘要	科目		✓	借方余额									贷方余额								
	总账科目	明细科目		百	十	万	千	百	十	元	角	分	百	十	万	千	百	十	元	角	分
合计																					

（附件　　张）

会计主管　　　　记账　　　　出纳　　　　稽核　　　　填制

转 账 凭 证

年　　月　　日　　　　　　　　　　　　　　　　　　　　　　　　　＿＿＿＿号

摘要	科目		✓	借方余额									贷方余额								
	总账科目	明细科目		百	十	万	千	百	十	元	角	分	百	十	万	千	百	十	元	角	分
合计																					

（附件　　张）

会计主管　　　　记账　　　　出纳　　　　稽核　　　　填制

转 账 凭 证

年 月 日 ______号

摘要	科目		√	借方余额									贷方余额								
	总账科目	明细科目		百	十	万	千	百	十	元	角	分	百	十	万	千	百	十	元	角	分
合计																					

（附件 张）

会计主管 记账 出纳 稽核 填制

转 账 凭 证

年 月 日 ______号

摘要	科目		√	借方余额									贷方余额								
	总账科目	明细科目		百	十	万	千	百	十	元	角	分	百	十	万	千	百	十	元	角	分
合计																					

（附件 张）

会计主管 记账 出纳 稽核 填制

转 账 凭 证

年 月 日 ______号

摘要	科目		√	借方余额									贷方余额								
	总账科目	明细科目		百	十	万	千	百	十	元	角	分	百	十	万	千	百	十	元	角	分
合计																					

（附件 张）

会计主管 记账 出纳 稽核 填制

转 账 凭 证

年 月 日 ______号

摘要	科目		√	借方余额									贷方余额								
	总账科目	明细科目		百	十	万	千	百	十	元	角	分	百	十	万	千	百	十	元	角	分
合计																					

（附件 张）

会计主管 记账 出纳 稽核 填制

转 账 凭 证

年 月 日 ______号

摘要	科目		√	借方余额									贷方余额								
	总账科目	明细科目		百	十	万	千	百	十	元	角	分	百	十	万	千	百	十	元	角	分
合计																					

（附件 张）

会计主管 记账 出纳 稽核 填制

转 账 凭 证

年 月 日 ______号

摘要	科目		√	借方余额									贷方余额								
	总账科目	明细科目		百	十	万	千	百	十	元	角	分	百	十	万	千	百	十	元	角	分
合计																					

（附件 张）

会计主管 记账 出纳 稽核 填制

转 账 凭 证

年　　月　　日　　　　　　　　　　　　＿＿＿＿号

摘要	科目			借方余额									贷方余额								
	总账科目	明细科目	√	百	十	万	千	百	十	元	角	分	百	十	万	千	百	十	元	角	分
合计																					

（附件　张）

会计主管　　　　记账　　　　出纳　　　　稽核　　　　填制

转 账 凭 证

年　　月　　日　　　　　　　　　　　　＿＿＿＿号

摘要	科目			借方余额									贷方余额								
	总账科目	明细科目	√	百	十	万	千	百	十	元	角	分	百	十	万	千	百	十	元	角	分
合计																					

（附件　张）

会计主管　　　　记账　　　　出纳　　　　稽核　　　　填制

转 账 凭 证

年　　月　　日　　　　　　　　　　　　＿＿＿＿号

摘要	科目			借方余额									贷方余额								
	总账科目	明细科目	√	百	十	万	千	百	十	元	角	分	百	十	万	千	百	十	元	角	分
合计																					

（附件　张）

会计主管　　　　记账　　　　出纳　　　　稽核　　　　填制

转　账　凭　证

年　　月　　日　　　　　　　　　　　　　　号

摘要	科目			借方余额									贷方余额								
	总账科目	明细科目	√	百	十	万	千	百	十	元	角	分	百	十	万	千	百	十	元	角	分
合计																					

（附件　　张）

会计主管　　　　记账　　　　出纳　　　　稽核　　　　填制

转　账　凭　证

年　　月　　日　　　　　　　　　　　　　　号

摘要	科目			借方余额									贷方余额								
	总账科目	明细科目	√	百	十	万	千	百	十	元	角	分	百	十	万	千	百	十	元	角	分
合计																					

（附件　　张）

会计主管　　　　记账　　　　出纳　　　　稽核　　　　填制

转　账　凭　证

年　　月　　日　　　　　　　　　　　　　　号

摘要	科目			借方余额									贷方余额								
	总账科目	明细科目	√	百	十	万	千	百	十	元	角	分	百	十	万	千	百	十	元	角	分
合计																					

（附件　　张）

会计主管　　　　记账　　　　出纳　　　　稽核　　　　填制

附件二　空白账页

现金日记账　　1

年		凭证编号	摘要	对应科目	借方									✓	贷方									✓	余额								
月	日				百	十	万	千	百	十	元	角	分		百	十	万	千	百	十	元	角	分		百	十	万	千	百	十	元	角	分

现金日记账　　1

年		凭证编号	摘要	对应科目	借方									✓	贷方									✓	余额								
月	日				百	十	万	千	百	十	元	角	分		百	十	万	千	百	十	元	角	分		百	十	万	千	百	十	元	角	分

现 金 日 记 账 2

年		凭证编号	摘　　要	对应科目	借方	✓	贷方	✓	余额
月	日				百十万千百十元角分		百十万千百十元角分		百十万千百十元角分

现 金 日 记 账 2

年		凭证编号	摘　　要	对应科目	借方	✓	贷方	✓	余额
月	日				百十万千百十元角分		百十万千百十元角分		百十万千百十元角分

现金日记账　3

年		凭证编号	摘要	对应科目	借方								✓	贷方								✓	余额							
月	日				百	十	万	千	百	十	元	角	分		百	十	万	千	百	十	元	角	分		百	十	万	千	百	十	元	角	分

现金日记账　3

年		凭证编号	摘要	对应科目	借方								✓	贷方								✓	余额							
月	日				百	十	万	千	百	十	元	角	分		百	十	万	千	百	十	元	角	分		百	十	万	千	百	十	元	角	分

银行存款日记账 1

年		凭证编号	摘要	对应科目	借方									✓	贷方									✓	余额								
月	日				百	十	万	千	百	十	元	角	分		百	十	万	千	百	十	元	角	分		百	十	万	千	百	十	元	角	分

银行存款日记账 1

年		凭证编号	摘要	对应科目	借方									✓	贷方									✓	余额								
月	日				百	十	万	千	百	十	元	角	分		百	十	万	千	百	十	元	角	分		百	十	万	千	百	十	元	角	分

银行存款日记账　　2

年		凭证编号	摘　要	对应科目	借方	✓	贷方	✓	余额
月	日				百十万千百十元角分		百十万千百十元角分		百十万千百十元角分

银行存款日记账　　2

年		凭证编号	摘　要	对应科目	借方	✓	贷方	✓	余额
月	日				百十万千百十元角分		百十万千百十元角分		百十万千百十元角分

银行存款日记账　3

年		凭证编号	摘　要	对应科目	借方								✓	贷方								✓	余额							
月	日				百	十	万	千	百	十	元	角分		百	十	万	千	百	十	元	角分		百	十	万	千	百	十	元	角分

银行存款日记账　3

年		凭证编号	摘　要	对应科目	借方								✓	贷方								✓	余额							
月	日				百	十	万	千	百	十	元	角分		百	十	万	千	百	十	元	角分		百	十	万	千	百	十	元	角分